SINGAPOUR

Singapour rien que pour vous

Interrogez les Singapouriens, et tous vous l'affirmeront sans ciller : leur ville est un paradis ! Pourtant, nombre de voyageurs en transit ne sortent pas de l'aéroport Changi. Quel dommage ! Car c'est un fait : Singapour a, concentrés sur un territoire de poche (22,5 km de large su 42 km de long), de nombreux atouts pour séduire les globe-trotteurs, même les plus blasés.

En posant le pied sur l'île, c'est d'abord les buildings, de béton, d'acier et de verre, qui en mettent plein les yeux. Les apparences sont parfois trompeuses, car cette métropole ne saurait se résumer à ses gratte-ciel vertigineux. Partout, les quartiers dévoilent un caractère bien trempé, atypique. À Chinatown, le voyageur navigue entre des *shophouses* colorées ; à Little India, il se recueille dans des temples enfumés ; à Kampong Glam, il découvre des mosquées aux majestueux dômes dorés. Les amoureux d'art et de culture ne seront pas déçus entre les bâtiments coloniaux immaculés, témoins de l'histoire, les galeries d'art contemporain flambant neuves et les antiquaires avec leurs bouddhas du XVIe siècle, le choix est étourdissant. Envie de verdure pour apaiser vos sens surmenés ? Des jungles squattées par des singes vous attendent à quelques minutes du centre-ville. Bien sûr, le shopping et la cuisine (divine), les deux passe-temps nationaux, se révéleront à la hauteur de vos attentes, et même au-delà. Alors oui, le chewing-gum est banni, les rues sont impeccables de propreté, les interdits nombreux, mais, au-delà des clichés, c'est bien un lieu enchanteur dont nous vous ouvrons les portes au fil des pages de ce guide.

Dans les coulisses **du guide**

Vous avez entre les mains la dernière édition de notre guide. Et dernière édition, ça veut dire quoi ? Depuis plus de 15 ans que la collection existe, nous envoyons, systématiquement, un **auteur** sur place, à chaque nouvelle édition. Sa mission ? Dénicher des nouvelles adresses, flairer les tendances, être à l'affût des quartiers qui bougent, bref vous livrer le meilleur de la ville.
Et pour les photos, c'est la même chose. Nous avons une équipe de **photographes** qui se charge de réaliser des reportages sur mesure et dédiés uniquement à la collection.

Un Grand Week-end à Singapour **sur Facebook**

Retrouvez-nous sur Facebook ! Nous partageons au fil des jours les toutes dernières adresses, nos photos coups de cœur, les événements à ne pas manquer, les trucs et astuces qu'il faut connaître et surtout nous répondons à toutes vos questions. Avec Un Grand Week-end vous ne voyagerez plus jamais seul…

www.facebook.com/GuidesUnGrandWeekend

Calendrier des événements

Janvier

Chinese New Year

Parades colorées, rues illuminées, cracheurs de feu, danseurs-lions ou dragons flamboyants : un air de carnaval souffle sur Chinatown pendant le Nouvel An chinois.

Art Stage Singapore

Quelque 1000 artistes, 150 galeries, une trentaine de pays et 45 000 visiteurs... LA foire asiatique de l'art contemporain.

www.artstagesingapore.com

Thaipusam

Ce festival hindou voit défiler sur 4,5 km (de Sri Srinivasa Perumal Temple à Sri Thendayuthapani Temple) des centaines de croyants. Le spectacle est impressionnant, car certains fidèles se percent le corps avec des tiges en métal pour prouver leur dévotion.

Février

Chingay Parade

Pendant deux soirées, le bord de rivière, à Marina Bay, s'illumine par la grâce de ce défilé haut en couleur :

marcheurs sur échasses, percussionnistes, jongleurs, clowns ou artistes asiatiques en costumes traditionnels y partagent l'affiche.

http://chingay.org.sg

Singapore Airshow

Tous les deux ans mi-février, le plus grand salon aéronautique en Asie, avec des vols époustouflants.

www.singaporeairshow.com

Avril

World Gourmet Summit

Au menu de ce salon gourmand, des dîners concoctés par quelques-uns des chefs les plus réputés du monde (dans de nombreux restaurants), des dégustations de vin, des cours de cuisine...

www.worldgourmetsummit.com

Fashion Steps Out @ Orchard

Six semaines (en avril et mai) pendant lesquelles Orchard Road accueille des défilés de mode à ciel ouvert, à la nuit tombée.

www.orchardroad.org/fso

Mai

Vesak Day

Le jour le plus important du calendrier bouddhiste (en hommage à Bouddha) est célébré dans tous les temples.

www.vesaksingapore.org

Sundown Marathon

Top départ donné à 23h30... À faire si vous avez toujours rêvé de courir à l'heure où tous les autres dorment !

www.sundownmarathon.com

Juin-juillet

Great Singapore sale

Huit semaines de prix bradés sur la mode, les montres,

l'électronique, les jouets, et bien plus encore !

www.greatsingaporesale.sg

Singapore Dragon Boat Festival

Sur le réservoir Bedok, des équipes du monde entier viennent s'affronter sur ces bateaux colorés.

Singapore Dance Theatre / Ballet under the Stars

En juillet, le Fort Canning Park s'illumine le temps de quelques soirées, au rythme des performances des danseurs du Singapore Dance Theatre.

www.singaporedancetheatre.com

Août

Hungry Ghost Festival

Les taoïstes chinois pensent qu'une fois par an, les portes de l'enfer s'ouvrent. Pour apaiser les esprits qui s'en échappent, ils brûlent de l'encens, multiplient les offrandes… et organisent les *getai*, des spectacles de chant et danse tenus sur des scènes provisoires, dans la rue, dans différents quartiers, notamment Chinatown. Ne vous asseyez pas au premier rang, il est réservé aux esprits !

National day

Feu d'artifice et parade célèbrent le 9 août l'indépendance de Singapour, qui date de 1965.

Singapore International Festival of Arts

De nombreux spectacles de danse, théâtre et musique rythment les six semaines de ce festival, à cheval entre août et septembre.

www.sifa.sg

Septembre

Formula One Night Race

Sur le circuit de Marina Bay, le premier Grand Prix de Formule 1 à se courir de nuit.

www.singaporegp.sg

Mid-Autumn Festival

Foncez à Chinatown pendant ce festival chinois : vous pourrez y acheter des lanternes en papier de toutes les tailles. Mais, surtout, vous dégusterez les *mooncakes*, ces gâteaux garnis de graines de lotus, jaune d'œuf, durian, café, chocolat…
Cette période de festivités est par ailleurs nommée Mooncake Festival, car son point d'orgue a lieu lorsque la lune est la plus pleine, un symbole d'abondance, d'harmonie et de prospérité.

Octobre

Singapore Biennale

L'art contemporain du Sud-Est asiatique représenté sous toutes ses formes, dans plusieurs lieux de la ville, pendant cinq mois.

www.singaporebiennale.org

Mosaic Music Festival

L'éclectisme est la marque de fabrique de ce festival organisé par Esplanade - Theatres on the Bay : dix jours de world music, jazz, folk, hip hop, afrobeat, indie rock…

www.mosaicmusicfestival.com

Thimithi

Lors de ce festival hindou, au Sri Mariamman Temple, des fidèles marchent sur des cendres brûlantes pour prouver leur foi et leur courage. Leur visage ne montre pas de signe de douleur, leurs pieds pas de traces de blessure.

Master féminin de tennis

Jusqu'en 2018, Singapour accueille les championnats WTA, réunissant les huit meilleures joueuses mondiales.

Novembre

Deepavali

Little India met ses habits de lumière pour ce festival hindouiste (tenu en octobre certaines années), célébrant la victoire du bien sur le mal. En plus des décorations et de l'ambiance festives, de nombreux spectacles sont à l'affiche.

Affordable Art Fair

Des œuvres d'art contemporain vendues entre 100 et 10 000 $.

http://affordableartfair.com/singapore

Décembre

ZoukOut

Sur le sable de Sentosa, LA nuit à ne pas rater pour les fêtards, au son des meilleurs DJ.

www.zoukout.com

Singapore Sports Hub

Le Sports Hub a ouvert ses portes au public mi-2014. Sur 35 ha (l'équivalent de 70 terrains de football !), il contient notamment un stade de 55 000 places (mais également un mall, des restaurants…) et accueille des rencontres sportives, concerts et expositions de haut niveau. Surveillez le programme !

2 Stadium Walk (HP par F2) – M° Stadium
☎ 63 44 26 60 – www.sportshub.com.sg

10 expériences uniques

1 Se frotter à la vie animale

En prenant café et croissants au milieu des orangs-outans au zoo de Singapour (p. 48) ; de nuit, lors du Night Safari, quand les grands fauves s'éveillent… (p. 48) ; ou mieux encore, en approchant des animaux en liberté dans la jungle singapourienne (p. 55).

2 Visiter New Delhi…

… le temps d'une balade dans Little India. Tout ici évoque l'Inde (p. 12).

3 Jouer à se faire peur…

… dans la vertigineuse Singapore Flyer, la grande roue la plus haute du monde (p. 33). Ou avec le iFly, un décoiffant simulateur de chute libre (p. 29).

4 S'initier aux épices…

… avec un *chili crab* dégusté en bord de mer à East Coast Park, un *laksa* pris sur le pouce dans le *hawker centre* de Zion Road Riverside, ou un *pad thaï* chez Jim Thompson (voir nos adresses Séjourner).

5 S'adonner au shopping…

… autrement que dans les malls somptueux ! Foncez à Haji Lane, une ruelle confidentielle dont

les boutiques regroupent les créations des stylistes asiatiques parmi les plus talentueux de leur génération ! (p. 16).

6 **Utiliser** la machine à remonter le temps

En sirotant un singapore sling, au Long Bar du Raffles, on s'attend presque à voir apparaître Rudyard Kipling. Alors certes, ce cocktail est un classique mais il reste incontournable pour qui veut sentir « l'âme » de Singapour… (p. 21).

7 **Voir** la vie en vert

Dans la ville-jardin, rien de plus facile ! On pique-nique au Jardin botanique (p. 38), on pédale à Pulau Ubin, île préservée de l'urbanisation (p. 43), on fait un trek dans la jungle du MacRitchie Reservoir (p. 55), ou on découvre le parc futuriste Gardens by the Bay (p. 33)… Bref, on s'oxygène !

8 **Faire** son marché

Oui, mais pas n'importe où. Dans une bibliothèque, un musée ou une école, et toujours avec le meilleur des petits créateurs, c'est ça, le secret de Public Garden (p. 99).

9 **Descendre** des *rooftops*…

… tout en restant sur un toit ! En profitant du confidentiel jardin des 10 000 Bouddhas sur le toit du Buddha Tooth Relic Temple (p. 14).

10 **Danser** sur l'eau…

… dans une discothèque-île, le Pangaea. Un « diamant » brut posé sur l'eau, la « Ferrari du monde de la nuit », dixit son créateur, Michael Ault (p. 121).

Un grand week-end sur mesure

Première fois à Singapour ?

Suivez notre programme pour ne rien rater des incontournables de Singapour… Le guide compte 16 visites réparties dans toute la ville. Évidemment, en trois jours, vous ne pourrez pas faire toutes ces balades. À vous de voir si vous voulez remplacer telle visite par une autre en fonction de vos centres d'intérêt…

JOUR 1 : matinée culturelle avec une plongée dans l'histoire de Singapour au **National Museum** (p. 20), un panorama des arts de tout un continent à l'**Asian Civilisations Museum** (p. 23) ou une découverte de l'art contemporain *made in Asia* au **Singapore Art Museum** (p. 21). Pause pique-nique à **Fort Canning Park** (p. 22) avant d'aller admirer l'étincelante **St Andrew's Cathedral** (p. 23). Ensuite, vous pourrez grimper dans un ***bumboat*** (p. 25) et vous arrêter là où bon vous semble. Pour finir, plongez dans l'effervescence nocturne de **Boat Quay** ou de **Clarke Quay** (p. 25).

JOUR 2 : tôt le matin, rejoignez les fidèles au **Sri Veeramakaliamman Temple** (p. 13). Puis, remontez **Serangoon Road** (p. 13), c'est ici que bat le cœur de Little India. Après un déjeuner local au **Tekka Centre** (p. 13),

cap sur les malls d'**Orchard Road** (p. 10) pour une virée shopping qui épuisera même les fashionistas les plus aguerries ! Pour vous remettre du tumulte, direction le **Singapore Botanic Gardens** (p. 38) et sa collection unique d'orchidées. Enfin, dînez à **Dempsey Hill** (p. 75), dans un cadre féerique.

JOUR 3 : pour tout savoir du passé mouvementé de Chinatown, poussez la porte du **Chinatown Heritage Centre** (p. 15). Puis, découvrez-en la facette actuelle en arpentant **Pagoda Street** (p. 15) et ses boutiques de souvenirs kitsch. Shopping encore, mais fashion cette fois, dans **Haji Lane** (p. 16). La parallèle, **Arab Street** (p. 17), évoque l'ambiance des souks. Juste à côté, ne ratez pas la **Sultan Mosque** (p. 17). En fin d'après-midi, le marché de **Bugis Street** (p. 18) est un must. Enfin, à la nuit tombée, direction **Marina Bay Sands et son SkyPark** (p. 33) pour admirer la *skyline*.

Escapades nature

S'échapper de la jungle de béton, rien de plus facile ! À Marina Bay, les **Gardens by the Bay** (p. 33) jouent l'épate avec leurs serres géantes et leurs arbres futuristes. Pour voir des bêtes sauvages, cap sur le **MacRitchie Reservoir** (p. 55), une jungle dense dotée d'un *Tree Top Walk,* promenade vertigineuse sur un pont suspendu au sommet des arbres. Pour un jogging au vert, empruntez les **Southern Ridges** (p. 41). À moins que vous ne préfériez le **zoo** ou le **Jurong Bird Park** (p. 48), la plus grande collection d'oiseaux d'Asie. Enfin, prenez un *bumboat* pour rejoindre **Pulau Ubin** (p. 43) ; une île sauvage peuplée de sangliers qui vous offrira l'occasion d'une belle balade à vélo.

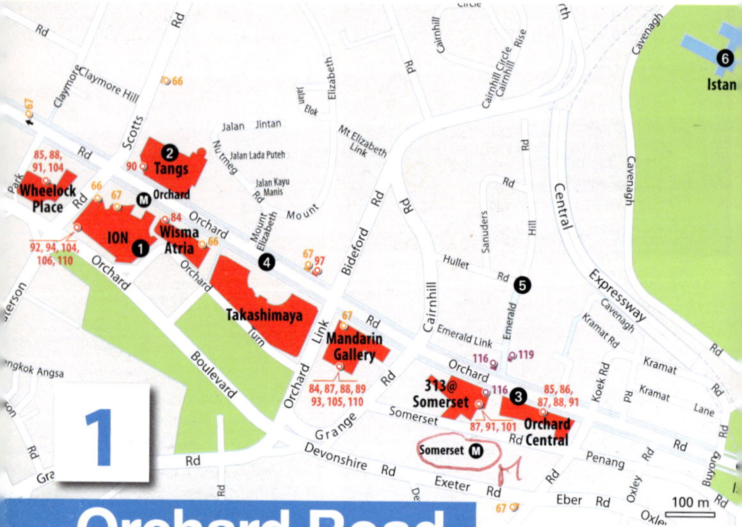

1

Orchard Road, le royaume du shopping

Voir plan détachable B2/C1-2

Orchard Road est à Singapour ce que la 5th Avenue est à New York : l'épicentre fashion. Sur 2,2 km se succèdent des malls tout en hauteur, d'acier et de verre. Difficile d'imaginer que dans les années 1830 des plantations de fruits, de noix de muscade et de poivre occupaient le terrain… Aujourd'hui, ce sont 5 000 boutiques qui attirent une foule dense, surtout le soir et le week-end.

❶ ION★★

2 Orchard Turn
☎ 62 38 82 28
www.ionorchard.com
T. l. j. 10h-22h.

Au -4, un excellent *food court* toujours plein à craquer. Au 56e étage, un Sky bar, pour être aux premières loges de la frénésie d'Orchard. Au milieu, 330 magasins, dont les grandes enseignes du luxe (Prada, Cartier, Vuitton, Armani et autres Dior). Mais ce qui rend avant tout ce mall symbolique, c'est son architecture. Des courbes imitant celles de fruits, des poteaux évoquant des arbres : l'inspiration est naturelle, le résultat futuriste.

❷ Tangs**

310 Orchard Road
☎ 67 37 55 00
www.tangs.com.sg
Lun.-jeu. 10h30-21h30, ven.-sam. 10h30-23h, dim. 11h-20h30.

Son ouverture en 1958 – par un jeune immigrant chinois, C. K. Tang – en fait le plus vieux mall d'Orchard Road. Tout juste rénové, c'est aussi l'un des plus beaux. Au rez-de-chaussée, l'espace beauté, lumineux et immense, donne le tournis. Au 7e étage, Gentlemen's Lounge offre aux messieurs une parenthèse zen (réflexologie plantaire, massage du dos…) tandis que mesdames font chauffer la carte bleue.

❸ The Editor's market**

Orchard Central, #04-08/09
181 Orchard Road
☎ 67 37 06 69
www.theeditorsmarket.com
T. l. j. 11h-22h.

Un peu Topshop pour le grain de folie *british*, un peu Zara ou H&M pour les prix bas, The Editor's Market séduit aussi les fashionistas par son concept

inédit. Car, ici, plus vous achetez de pièces, plus le prix de chaque article baisse (35 $ pour une robe, mais 20 $ si vous en achetez 6 !). Dans cet immense magasin blanc, sol en béton brut, façon entrepôt industriel, vous prendrez plaisir à fouiller les portants, débordant de fringues hippie chic. Ne ratez pas les bijoux vintage du Singapourien Ade.g.

❺ Emerald Hill Road**

La journée, le calme de cette ruelle en pente contraste avec le brouhaha entêtant d'Orchard Road, à quelques mètres de là seulement. Allez-y pour admirer les *shophouses* construites entre 1901 et 1925 par de riches familles péranakanes. Façades aux couleurs pastel, volets en bois, tuiles en céramique, portes d'entrée richement sculptées en font des joyaux d'inspiration baroque et chinoise. Côté Orchard, une rangée de pubs se charge d'animer le coin dès le coucher du soleil.

❹ Pour une pause rafraîchissante : glaces en robe de gaufre**

Sur Orchard Road, quelques vendeurs de rue proposent des glaces aux passants, une délicieuse réminiscence du Singapour d'autrefois. Choisissez l'option locale : une crème glacée coincée entre deux tranches de gaufre. Aux parfums d'ici pour les aventuriers (haricot rouge – sucré et délicieux, durian ou maïs), ou plus classiques (mangue ou noix de coco) ; 1 $ la glace.

Orchard Road – Devant Takashimaya (au n° 391) et Wisma Atria (au n° 435).

❻ Istana*

Orchard Road
www.istana.gov.sg
Ouv. 5 j. f. par an : 8h30-18h
Entrée plein tarif : 2 $.

Toute l'année, des soldats austères et impassibles gardent l'entrée de la résidence du chef de l'État, et les curieux en sont réduits à imaginer ce qui se trouve derrière les grilles. Heureusement pour eux, quelques jours par an, le président organise des « portes ouvertes ». L'occasion d'admirer sa résidence immaculée à l'architecture néopalladienne (1869) et son jardin au gazon impeccablement taillé.

Voir plan détachable D1/E1-2

Little India, au bonheur des sens

L'illusion est parfaite : en entrant dans Little India, vous quittez Singapour pour vous transporter à New Delhi. Ce quartier est l'antithèse de la ville-État. Rien d'aseptisé ici. La foule se presse et, dans les rues, c'est un tourbillon de couleurs et de senteurs au son de la pop indienne. Plus encore le dimanche, jour de repos, quand toute la communauté se retrouve.

❶ Abdul Gaffoor Mosque*

41 Dunlop Street
☎ 62 93 38 75
T. l. j. 9h30-21h
Accès libre.

Construite en 1910, cette mosquée a été récemment restaurée. Sa façade, dorée et verte, est resplendissante. Au-dessus de l'entrée, un cadran solaire comporte 25 rayons décorés de calligraphies arabes indiquant les noms de 25 prophètes. D'imposantes colonnes supportent des arches mauresques. À gauche de la salle des prières, un arbre généalogique retrace les lignées des différents prophètes.

❷ Little India Arcade**

48 Serangoon Road
T. l. j. 9h-22h.

Ce marché couvert, abrité dans de colorées *shophouses*, transporte ses visiteurs à Mumbai ou Delhi : des saris en soie aux bijoux en or, en passant par les films, les livres, l'encens ou les épices, tout y est *made in India* ! Un des stands les plus appréciés est celui de **Mogul Sweet Shop**, pour ses pâtisseries indiennes, hautement sucrées (à partir de 1 $).

4 Serangoon Road***

Ce boulevard bruyant est l'épicentre de Little India. Partout, des magasins à la peinture écaillée vendent des kilos d'or, des vêtements empilés directement sur le trottoir, des saris indiens ou des étals d'épices. D'innombrables pancartes affichent les petits prix, des odeurs de jasmin et de curry s'entremêlent, les derniers hits de Bollywood s'échappent de quelques échoppes. Les piétons, eux, continuent de traverser avec placidité hors des passages cloutés… Un joyeux désordre.

5 Sri Veeramakaliamman Temple***

141 Serangoon Road
☎ 62 95 45 38
www.sriveeramakaliamman.com
T. l. j. 5h30-12h30, 16h-21h
Accès libre, don suggéré
Voir « Pour en savoir plus » p. 52.

De petites cloches couvrent les portes de ce temple édifié en 1881. Les fidèles les font sonner avant d'entrer pour que leurs souhaits soient exaucés. Une manière aussi de ne pas irriter la féroce déesse Kali, que ce temple vénère. La destructrice du mal, protégeant ceux qui font le bien, y est représentée avec un collier de crânes et plusieurs paires de bras, chacun tenant une arme.

6 Mustafa Centre*

145 Syed Alwi Road
☎ 62 95 58 55
www.mustafa.com.sg
T. l. j. 24h/24.

Ouvert sans interruption, Mustafa est une institution. Une véritable caverne d'Ali Baba aussi ! On y trouve absolument tout, de la nourriture à l'électronique, en passant par des babioles kitsch, du maquillage, des bijoux en or, des saris… Vous pourrez même y réserver un hôtel, vendre de l'or ou changer votre argent (à des taux intéressants).

7 Sri Srinivasa Perumal Temple**

397 Serangoon Road
☎ 62 98 57 71
T. l. j. 5h45-12h et 17h-21h
Accès libre.

Si ce temple dédié à Vishnu – la divinité à la peau bleue – a été construit en 1855, son *gopuram* (la tour qui sert d'entrée) haut de 20 m a, lui, été ajouté en 1966. Il est monumental : cinq étages de sculptures représentant la divinité sous les neuf formes sous lesquelles elle est apparue sur Terre.

3 Pour une pause *biryani* : Tekka Centre**

Des premières lueurs du soleil à la tombée de la nuit, ce *hawker centre* est une ruche bourdonnante. En vous frayant un chemin entre les stands, vous serez assailli par les délicieux arômes issus de plats malais, chinois et indiens. Ne partez pas sans avoir goûté un *biryani* au mouton, un curry ou un *murtabak* (grosse galette à la viande).
665 Buffalo Road
T. l. j. 6h30-21h – Plats : 3-7 $.

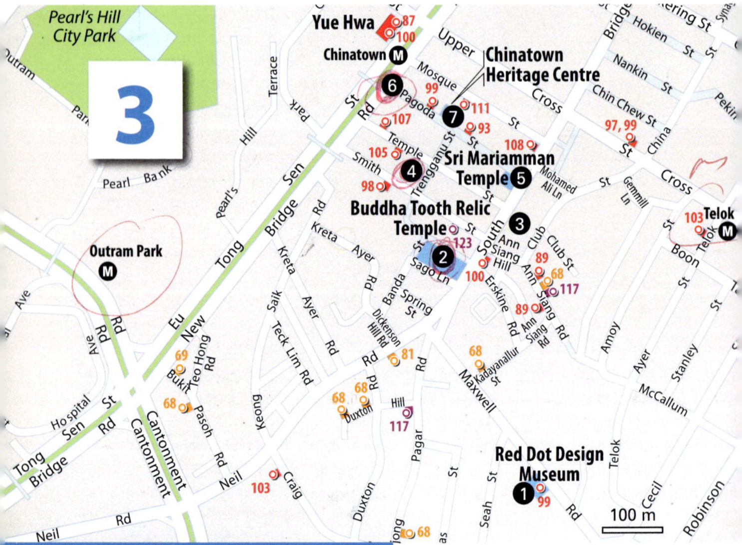

Chinatown, entre héritage et modernité

Voir plan détachable C5/D4

Les Chinois étaient parmi les tout premiers immigrants à accoster à Singapour (dès 1819). Depuis, Chinatown a gardé son atmosphère unique. Des *shophouses* (boutique au rez-de-chaussée, habitation à l'étage) bordent Smith Street, Temple Street et Pagoda Street où se côtoient les échoppes remplies d'articles à petits prix. Il faut venir le soir, quand des dizaines de lanternes rouges illuminent le décor.

1 Red Dot Design Museum**

28 Maxwell Road
☎ 63 27 80 27
http://museum.red-dot.sg
Lun.-mar. et ven. 11h-18h, sam.-dim. 11h-20h
Entrée plein tarif : 8 $.

Les Red Dot Design Awards, ce sont les Oscars du design. Et que font les objets primés ? Ils atterrissent dans ce bâtiment rouge écarlate. Montre, bracelet, téléphone portable, lampe, poussette ou robinet… plus de 1 000 témoins de l'impact du design sur notre vie quotidienne.

2 Buddha Tooth Relic Temple***

288 South Bridge Road
☎ 62 20 02 20
www.btrts.org.sg
T. l. j. 7h-19h
Accès libre.

Inauguré en 2007, ce temple éblouissant, étiré sur cinq étages, est inspiré de l'architecture de la dynastie Tang, l'âge d'or du bouddhisme en Chine. À l'intérieur, c'est le choc visuel, entre le colossal Maitreya Bouddha (le futur Bouddha) doré et la centaine de bouddhas alignés le long des murs. Au quatrième étage, un stupa en or massif de 420 kg hébergerait une dent de

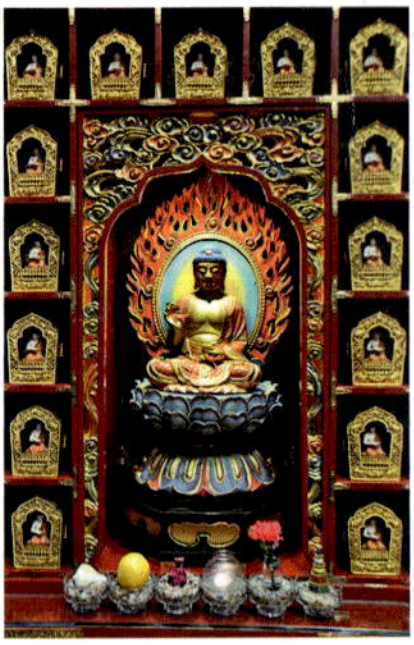

Bouddha. Les rideaux cachant le stupa aux regards des visiteurs sont levés tous les jours à 9h et 18h. N'hésitez pas à grimper sur le toit. Un très beau jardin vous y attend, cerné de milliers de minuscules bouddhas.

3 Eu Yan Sang*

269 South Bridge Road
☎ 62 23 63 33
www.euyansang.com
Lun.-sam. 8h30-19h.

Pour les aider à se refaire une santé d'acier, le Chinois Eu kong eut l'idée de donner à des mineurs des remèdes traditionnels. C'était en 1879, et, depuis, de nombreuses boutiques ont ouvert. Un arrêt dans cette échoppe vous fera découvrir ginseng, nids d'hirondelles, essence de poulet (excellente pour booster l'immunité !) et autres produits chinois destinés à prévenir plutôt que guérir (de 5,90 à 18,50 $ la soupe d'herbes).

5 Sri Mariamman Temple**

244 South Bridge Road
☎ 62 23 40 64
T. l. j. 7h-12h et 18h-21h
Accès libre ; droit photos 3 $, film 6 $.

Le plus vieux temple hindou de Singapour (1827) est dédié à la déesse Sri Mariamn[...] aurait le pouvoir de p[...] des maladies. Sa construction fut initiée par Naraina Pillai, un commerçant indien qui accompagnait Raffles lors de son arrivée sur l'île. D'abord en bois, il fut démoli et remplacé par une structure en brique en 1843. Son *gopuram* est majestueux, comme écrasé sous le poids des 21 sculptures colorées représentant dieux et déesses

4 Pour une pause théâtrale : Chinatown Seafood restaurant**

Des tables et des chaises en plastique, des ventilos au plafond, pas de nappes ni de jolis couverts : c'est sûr, on ne vient pas ici pour le cadre, mais pour l'emplacement ! En plein cœur de Chinatown, on est comme au théâtre, à regarder le ballet des passants, tourbillonnant, incessant, étourdissant. On peut manger de très corrects fruits de mer et boire une bière locale, la Tiger (5 $), ou une eau de coco (3,80 $), ultra-désaltérantes.

2 Trengganu Street
T. l. j. 11h-23h.

6 Pagoda Street***

Dans les années 1950, dix-huit tailleurs se partagaient l'espace. Aujourd'hui, ils sont encore quelques-uns à proposer leurs services, mais de nouveaux commerçants sont arrivés, vendant tout un tas de babioles kitsch. Des T-shirts imprimé aux couleurs du Merlion ou ornés de têtes de dragons, en passant par les baguettes ou les statues-chats polis (ils lèvent le bras pour saluer), c'est dans cette ruelle ultra-touristique qu'il faut foncer pour remplir sa valise de cadeaux… sans se ruiner (dès 1 $).

7 Chinatown Heritage Centre***

48 Pagoda Street
☎ 63 25 28 78
www.chinatownheritagecentre.sg
T. l. j. 9h-20h
Entrée plein tarif : 10 $
Voir « Pour en savoir plus » p. 53.

Un musée – dans trois *shophouses* rénovées – pour tout connaître du passé mouvementé du quartier. Sur trois niveaux, les visiteurs revivent les difficiles conditions de vie des premiers migrants. Photos, vidéos et reconstitutions racontent leurs luttes. Un temps où les fumeries d'opium et les bordels étaient des échappatoires quotidiens.

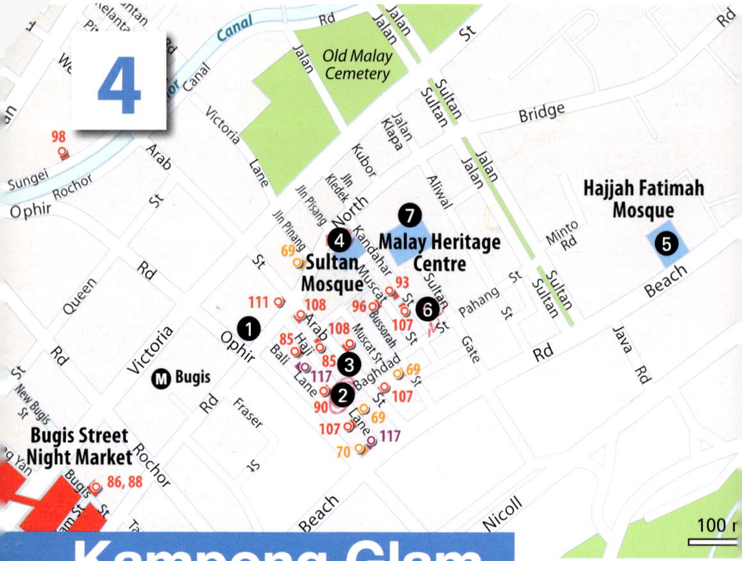

Kampong Glam, QG malais

Voir plan détachable

Le quartier musulman est le siège historique de la royauté malaise. Le Malay Heritage Centre offre une passionnante plongée dans ce passé. Mais Kampong Glam, c'est aussi deux superbes mosquées, des ruelles alignant des échoppes débordantes de couleurs, de senteurs et de saveurs, et Haji Lane, le coin le plus fashion de tout Singapour.

❶ Threadbare & Squirrel*

660 North Bridge Road
☎ 63 96 67 38
www.threadbareandsquirrel.com
T. l. j. 12h30-20h30.

Une sélection hippie chic de vêtements et d'accessoires pour hommes et femmes. Sur deux étages, les portants et étagères dévoilent des cartables rétros, en cuir, Cambridge Satchel (299 $), des lunettes en bois Waiting for the sun, des robes sensuelles (170 $) et des vestes bien coupées Lion Earl, des montres au look futuriste Nooka, ou des bijoux arty Alister Yiap. Peu de points communs a priori entre toutes ces marques, si ce n'est leur originalité.

❷ Haji Lane***

Ruelle étroite alignant les *shophouses* colorées, Haji Lane est le repaire des créateurs asiatiques qui montent. Arrêtez-vous au n° 84, pour les tops et pantalons vintage de Skyroom, au n° 82 pour les vêtements en bambou bio de Zhai eco collection (robes dès 29 $), ou au n° 27 pour les accessoires délicats de Salad shop. Au n° 38, Tokyobike présente des vélos rétros superbes. Dans tous les cas, arrivez après 14h car, ici, beaucoup de propriétaires sont des lève-tard.

③ Arab Street***

L'atmosphère conviviale de cette rue évoque celle des souks. Les vendeurs interpellent les passants (avec le sourire, et sans insistance) pour présenter leurs marchandises. Peut-être vous laisserez-vous tenter par les marchands de tapis, les boutiques de robes de soirée orientales, ou une fabrique de parfums sur mesure (Sifr Aromatics, au n° 42). Avant de partir vers d'autres horizons, rejoignez les amateurs de chicha ou régalez-vous de plats moyen-orientaux au Café du Caire, au n° 39.

④ Sultan Mosque***

3 Muscat Street
☎ 62 93 44 05
www.sultanmosque.org.sg
Sam.-jeu. 9h-12h et 14h-16h, ven. 14h30-16h
Accès libre, don suggéré
Voir « Pour en savoir plus » p. 51.

Les proportions de cette mosquée, la plus grande de Singapour, en imposent. Le hall de prière peut accueillir 5 000 fidèles et le dôme doré se repère de loin. Datant de 1824, elle fut rénovée en 1928 grâce aux dons de la communauté musulmane. Les plus pauvres participèrent à leur façon, en récoltant des bouteilles noires pour la décorer. Celles-ci forment aujourd'hui un anneau à la base du dôme. Denis Santry, l'architecte irlandais en charge du chantier de rénovation, s'inspira du Taj Mahal et y ajouta des éléments turques, mauresques et perses.

⑤ Hajjah Fatimah Mosque**

4001 Beach Road
☎ 62 97 27 74
T. l. j. 9h-21h
Accès libre.

En 1845, Hajjah Fatimah, femme d'affaires, donne ses terres et son argent pour édifier ce monument. Un signe de gratitude envers Dieu car, peu de temps auparavant, elle avait échappé à la mort. L'architecte anglais responsable du chantier décida de mêler les styles européen, chinois et malais. Mais le plus étonnant reste encore le minaret : construit sur un sol instable, il penche comme la tour de Pise...

⑦ Malay Heritage Centre*

85 Sultan Gate
☎ 63 91 04 50
www.malayheritage.org.sg
Mar.-dim. 10h-18h
Entrée : 4 $.

Cet *istana* (« palais ») a été construit par l'architecte George Coleman en 1042. Les sultans malais de Singapour y vivaient. Depuis 2004, il a été transformé en musée. Sur deux étages, ses galeries mettent en lumière les pionniers de la communauté, la vie de la famille royale et les arts malais. Dans la dernière galerie, de jeunes réalisateurs évoquent, dans des courts métrages, leur vision de l'identité et de l'héritage culturel malais.

⑥ Pour une pause caféinée : Maison Ikkoku**

Une délicieuse odeur de café flotte dans l'air. Installez-vous dans un fauteuil moelleux et passez commande auprès du personnel souriant. Les sandwichs gourmets (de 12 à 17 $) sont délicieux, de même que les cafés artisanaux (de 3,50 à 7 $). Cerise sur le gâteau : les gourmandises au chocolat ou aux groseilles sont moelleuses et irrésistibles.

20 Kandahar Street
☎ 62 94 00 78 – www.maison-ikkoku.net
Lun.-jeu. 9h-21h, ven.-sam. 9h-23h, dim. 9h-19h.

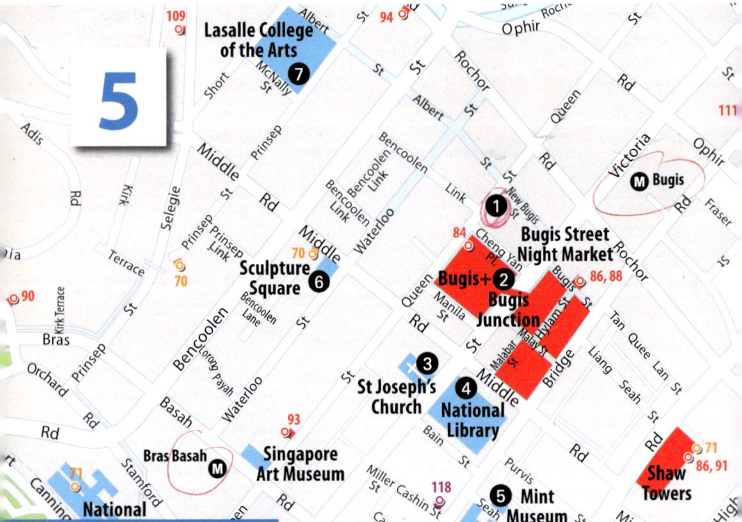

Bugis, le quartier des bonnes affaires

Voir plan détachable E2-3

Les amateurs de shopping viendront faire leurs emplettes ici plutôt qu'à Orchard Road s'ils ne veulent pas se fâcher avec leur banquier. En effet, Bugis n'accueille pas de grands noms du luxe dans ses malls, mais des enseignes plus confidentielles, aux prix mini. À côté, le *Night Market* est une vraie caverne d'Ali Baba, avec ses quelque 800 stands en plein air.

❶ Bugis Street Night Market★★★

New Bugis Street
www.bugis-street.com
T. l. j. 11h-22h.

Dans les années 1950, des travestis dansaient, flirtaient, aguichaient militaires et marins en permission sur Bugis Street. De ces années de débauche, il ne subsiste qu'un sex shop. Tout le reste a été reconverti en marché en plein air – le plus grand de la ville. Une foule dense y joue des coudes autour des quelque 800 échoppes. Des souvenirs estampillés *I love Singapore* aux stands de *satay*, des espaces manucure aux sacs et chaussures à petits prix, le lieu joue la carte de l'éclectisme.

❷ Bugis Junction★

200 Victoria Street
☎ 65 57 65 57

www.bugisjunction-mall.com.sg
T. l. j. 10h-22h.

D'un côté, un mall classique avec ses cinq étages de

magasins ; de l'autre, une allée recouverte d'un dôme de verre, bordée de cafés et de boutiques pleines de charme, d'où se dégage l'atmosphère d'un petit village. Les boutiques sont populaires et bon marché, à l'image d'Izzue (#02-11-4), avec ses robes autour de 75 $. On trouve aussi un cinéma et de multiples possibilités pour manger sur le pouce.

3 St Joseph's Church**

143 Victoria Street
☎ 63 38 31 57
www.catholic.org.sg/sjc
T. l. j. 9h-17h
Accès libre.

Cette église d'inspiration romaine et gothique a été construite entre 1904 et 1912. En forme de croix latine, elle est dotée de superbes vitraux. Son intérieur fait écho à sa façade : des murs tout de blanc vêtus, agrémentés de quelques liserés bleu pâle. Au total, elle héberge cinq autels en marbre, de nombreuses statues de saints, et sa taille lui permet d'accueillir jusqu'à 1 500 fidèles.

4 National Library**

100 Victoria Street
☎ 63 32 32 55
www.nl.sg
T. l. j. 10h-21h
Accès libre.

La bibliothèque nationale : à voir pour son architecture, à savourer pour sa quiétude. Ses deux tours blanches de 16 étages, habillées de verre, reliées par des passerelles, voient la vie en vert : jardins disséminés au sein du bâtiment, orientation choisie pour réduire l'ensoleillement, autosuffisance en énergie… La collection d'ouvrages sur Singapour, la Malaisie et l'Asie est intéressante. Parmi les trésors, jetez un œil à *The History of Travayle in the West and East Indies*, imprimé en 1577, l'un des premiers récits maritimes.

5 Mint Museum of Toys**

26 Seah Street
☎ 63 39 06 60
www.emint.com
T. l. j. 9h30-18h30
Entrée : 15 $ (adulte), 7,50 $ (enfant).

Si vous regrettez d'avoir jeté à la poubelle votre première Barbie ou vos GI Joe, il y a de grandes chances pour que vous les retrouviez ici. Sur quatre étages, ce musée privé dévoile une collection de 50 000 jouets vintage. Superman, Popeye, Tintin, Mickey… Ils sont tous là. Et pour leur âge (certains datant du début du XXe s.), ils sont plutôt bien conservés.

6 Sculpture Square**

155 Middle Road
☎ 63 33 10 55
www.sculpturesq.com.sg
Mar.-dim. 11h-19h
Accès libre.

Cette ancienne chapelle méthodiste, de style gothique, a été reconvertie en galerie. Comme son nom l'indique, vous y trouverez des sculptures, mais également d'autres arts visuels. Installations vidéo, performances… de l'art expérimental, conçu pour interpeller, déranger.

7 Pour une pause arty : Lowercase*

Forteresse de pierre et d'aluminium vue de l'extérieur, le Lasalle College of the Arts, campus artistique, dévoile en son sein six bâtiments aux courbes accidentées. Des blocs vacillants faits de facettes vitrées, soulignés de traits noirs, et reliés entre eux par des passerelles aériennes. Arrêtez-vous dans son café pour y puiser l'inspiration, devant un jus de fruits pressés (4 $) ou un plat de pâtes (11,50 $).

Lasalle College of the Arts – 1 McNally Street
☎ 63 37 55 81 – www.lowercase.sg

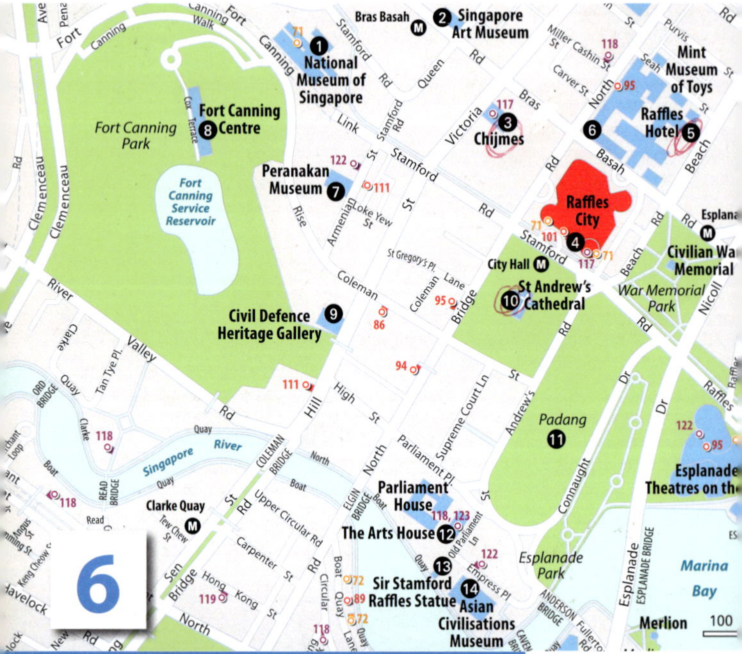

6

Colonial District, la machine à remonter le temps

Voir plan détachable D3/E3

Quand, le 29 janvier 1819, sir Thomas Stamford Raffles pose le pied à Singapour, l'île ne comporte qu'un petit village de pêcheurs dévoré par la jungle. Les Britanniques vont tout bouleverser et laisser un testament architectural époustouflant. Promenez-vous sur les traces de ce passé colonial, de l'hôtel Raffles à l'instructif Musée national, en passant par l'étincelante cathédrale St Andrew.

1 National Museum of Singapore***

93 Stamford Road
☎ 63 32 36 59
www.nationalmuseum.sg
Singapore History Gallery : t. l. j. 10h-18h
Living galleries : t. l. j. 10h-20h
Entrée plein tarif : 10 $
Voir « Pour en savoir plus » p. 44.

Construit en 1887, le plus vieux musée de Singapour offre un cours d'histoire en accéléré.

L'idée brillante : illustrer des faits historiques par des reconstitutions de scènes

du quotidien, très réalistes, à coups d'effets sonores et visuels bien menés. Intelligentes aussi, les Living galleries, qui revisitent le passé de Singapour à travers quatre prismes : la photo, les films, la mode et la gastronomie.

2 Singapore Art Museum**

71 Bras Basah Road
☎ 63 32 32 22
www.singaporeartmuseum.sg
T. l. j. 10h-19h (21h ven.)
Entrée plein tarif : 10 $ (gratuit ven. 18h-21h).

Cette ancienne école catholique pour garçons héberge aujourd'hui des œuvres d'artistes

contemporains singapouriens et d'Asie du Sud-Est. Dans les anciennes salles de classe, les visiteurs découvrent les peintures déstructurées du Singapourien Jeremy Sharma, les photos choc du Cambodgien Vandy Rattana, les installations tragico-comiques de la Thaïlandaise Sakarin Krue-On…

3 Chijmes***

30 Victoria Street
www.chijmes.com.sg
T. l. j. 24h/24.

Dîner ou boire un verre sous les étoiles, dans un cadre merveilleux, c'est la « garantie produit » du Chijmes. Facile dans cet ancien couvent, construit en 1892, à l'architecture néoclassique. Le jour, on arpente l'immense patio et ses passages couverts (l'ancien cloître et ses galeries), pour faire des emplettes dans les magasins d'artisanat. Le soir venu, les bougies – et l'histoire du lieu – façonnent une ambiance magique.

4 Womb**

Raffles City, #03-26
252 North Bridge Road
☎ 63 38 90 11
www.womb.sg
T. l. j. 11h-22h.

C'est à la Singapourienne Kmi Huang que l'on doit cette griffe féminine romantique. Les teintes sont naturelles, les coupes très fluides, les matières toutes douces (tops 99 $, robes 179 $). Les femmes avec des formes s'y sentiront bien. Pas de folie créative, les vêtements

5 Pour une pause historique : Raffles***

Plus qu'un hôtel, une icône. Si vous n'y dormez pas, venez au moins siroter un cocktail au Long Bar. Derrière un long comptoir en bois, les barmen vous prépareront un *Original Singapore Sling* (26 $), couleur rose, goût bonbon, relevé d'une pointe d'amertume. Faites comme les habitués : jetez les coquilles de vos cacahuètes sur le sol !

1 Beach Road
☎ 64 12 18 16
www.raffles.com
Long Bar : dim.-jeu. 11h-0h30, ven.-sam. 11h-1h30
Voir « Pour en savoir plus » p. 49.

sont des basiques (petite robe noire, blouses, pantalons souples…) indémodables.

6 Front Row*

Raffles Hotel Arcade, #02-09
328 North Bridge Road
☎ 62 24 55 01
www.frontrowsingapore.com
Lun.-sam. 12h-20h, dim. 12h-17h.

Ce magasin multi-marques possède de nombreuses pièces APC, des robes, jeans, tee-shirts… On trouve aussi les vêtements élégants In Good Company (pantalon à 139 $), la marque B.C.B.G. Fly now, les lunettes House of Holland, les chaussures Dr Martens ou les bagues Carrie K. Ce n'est pas forcément hors de prix, et c'est toujours chic.

7 Peranakan Museum**

39 Armenian Street
☎ 63 32 75 91
www.peranakanmuseum.sg
T. l. j. 10h-19h (21h ven.)
Entrée plein tarif : 6 $ (3 $ ven. 19h-21h).

On les appelle les *Nyonyas* (« femmes ») et les *Babas* (« hommes »). Eux, ce sont les Péranakans, les descendants des premiers immigrants chinois installés dans les colonies britanniques des détroits de Malacca, Penang et Singapour. Ce superbe musée rend hommage à leur culture *fusion*. On y découvre notamment des vêtements finement brodés, un mobilier richement sculpté, des bijoux flamboyants et on en apprend sur les cérémonies de mariage qui durent… 12 jours !

8 Fort Canning Park**

70 River Valley Road
T. l. j. 24h/24
Accès libre
• Battle Box : 2 Cox Terrace
☎ 63 33 05 10
T. l. j. 10h-18h
Entrée plein tarif : 8 $
Attention, musée actuellement en travaux.

C'est sur cette colline que Raffles avait installé son bungalow. C'est aussi ici que le commandement britannique abandonna Singapour aux mains des Japonais, le 15 février 1942. La Battle Box reconstitue – avec effets spéciaux et mannequins en cire, dans un bunker sombre et étouffant – cette journée fatidique. Si vous vous limitez au (très joli) parc, vous verrez des libellules papillonnant de fleur en fleur, des lézards en train de bronzer, ou des écureuils se faufilant entre deux arbres.

9 Civil Defence Heritage Gallery**

62 Hill Street
☎ 63 32 29 96
www.scdf.gov.sg
Mar.-dim. 10h-17h
Accès libre.

Si votre enfant rêve d'être pompier, il faut l'emmener dans ce bâtiment écarlate construit en 1908, classé monument national ! Ici, il pourra prendre place à bord d'un vrai camion, enfiler l'uniforme (taille enfant), assister, sur des vidéos, à des interventions ou admirer le *Merryweather Fire King*, le tout premier engin motorisé utilisé par la brigade. Il pourra même grimper dans la Tower Tour, haute de 30 m, là où les pompiers avaient l'habitude de monter la garde pour détecter tout départ de feu.

Singapore Pinacothèque de Paris

Le musée privé parisien a choisi Singapour pour ouvrir sa première antenne à l'étranger ! Dès janvier 2015, le Fort Canning Centre (situé dans le Fort Canning Park) accueillera une collection permanente ainsi que les expositions parisiennes.

Fort Canning Centre, Cox Terrace – Fort Canning Park (voir ci-contre)
www.pinacotheque.com.sg
Horaires et tarifs non connus lors de l'impression.

⑩ St Andrew's Cathedral***

11 St Andrew's Road
www.livingstreams.org.sg
Lun.-sam. 9h-17h, dim. 9h-13h30
Accès libre.

Sa façade blanche étincelle. Le secret tient dans la recette utilisée pour fabriquer ce plâtre original : coquilles d'œuf, citron, sucre et copeaux de noix de coco ! Construite en 1857 par des détenus indiens, cette cathédrale anglicane est la troisième à être construite sur ce site, les deux premières ayant été détruites par la foudre. Son architecte le colonel Ronald Mc Pherson l'a voulue dans un style néogothique. Il faut la visiter le matin, quand les rayons du soleil sont filtrés par les trois vitraux situés au centre de la cathédrale.

⑪ The Padang*

C'est ici, *padang* signifie « terrain » en malais, que fut planté le drapeau anglais à l'arrivée de Raffles à Singapour en 1819. Selon son vœu, cette zone fut dédiée au divertissement. Ainsi les Anglais investissaient fréquemment la pelouse vert tendre pour jouer au cricket ou échanger les derniers ragots… Aujourd'hui, des matchs de cricket et de rugby s'y tiennent parfois. Face au Padang, se dresse la nouvelle **National Art Gallery** (voir p. 110).

⑫ The Arts House**

1 Old Parliament Lane
☎ 63 32 69 00
www.theartshouse.com.sg
T. l. j. 10h-22h
Accès libre.

L'architecte irlandais George Coleman imagina en 1827 ce superbe bâtiment néopalladien, pour le marchand écossais John Maxwell, qui n'y habita jamais… Le bâtiment fut donc reconverti en Parlement. Là où les députés discutaient des lois, les amateurs d'art viennent depuis 2004 applaudir des représentations de poésie, de théâtre ou de musique.

⑬ Sir Stamford Raffles Statue*

59 Boat Quay.

Il paraît que c'est à cet endroit précis que le fondateur du Singapour moderne posa le pied, le 29 janvier 1819. Une statue de marbre blanc à son effigie le rappelle aux passants. Il s'agit en fait d'une réplique. L'originale, en bronze, signée Thomas Woolner, est à quelques mètres de là, devant le Victoria Theatre.

⑭ Asian Civilisations Museum***

1 Empress Place
☎ 63 32 77 98
www.acm.org.sg
T. l. j. 10h-19h (21h. ven.)
Entrée : 8 $ (4 $ ven. 19h-21h)
Voir « Pour en savoir plus » p. 45.

Singapour est une très jeune nation. Mais les personnes qui vivent sur cette île (Chinois, Indiens, Malais…) sont, eux, héritiers de cultures millénaires. C'est pour leur rendre hommage que ce superbe musée a été créé. Sur trois niveaux et onze galeries, il passe au crible les arts éclectiques de tout un continent. Plus de 1 300 objets pour un voyage qui remonte jusqu'à 600 ans av. J.-C. Ne manquez pas les œuvres bouddhistes, les pièces en porcelaine des dynasties Ming et Qing, ou les calligraphies islamiques.

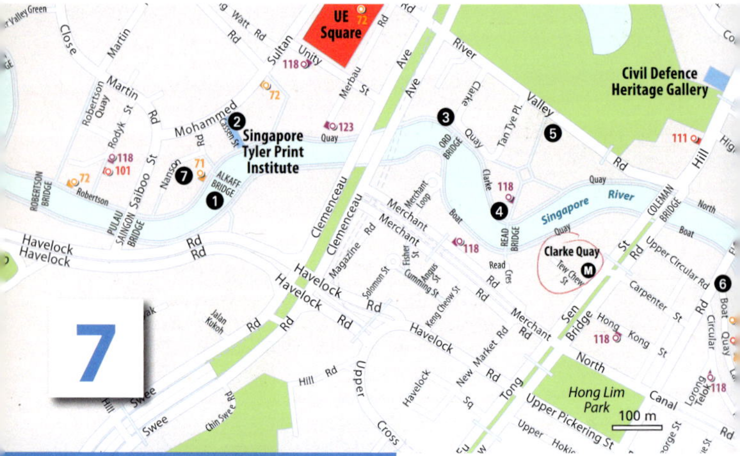

7

The Quays, happy hour

Voir plan détachable C4/D4

Boat Quay, Clarke Quay, Robertson Quay : les trois quais qui longent la rivière étaient autrefois fréquentés par les dockers, déchargeant sans répit leurs marchandises. Aujourd'hui, ce passé s'est évaporé, laissant place à un esprit festif. Restaurants, pubs et clubs se partagent l'espace, aimantant une foule bigarrée d'Asiatiques et d'expatriés. Le coin compte aussi un joli pont et un atelier-galerie d'art obnubilé par le papier.

❶ Alkaff Bridge**

Robertson Quay.

Les Alkaff étaient une famille arabe aisée vivant à Singapour au début du XXᵉ siècle. Ce pont piéton, qui porte leur nom, a la forme d'un *tongkang* (une embarcation en bois utilisée au début du XIXᵉ s. en Asie du Sud-Est pour le transport de marchandises). Pacita Abad l'a relooké en 2004 avec des couleurs chatoyantes. L'artiste philippine utilisa 55 nuances différentes (jaune, rouge, vert, bleu…), et près de 1 000 l de peinture pour en faire une véritable œuvre d'art.

❷ Singapore Tyler Print Institute*

41 Robertson Quay
☎ 63 36 36 63
www.stpi.com.sg
Mar.-sam. 10h-18h, lun. sur rendez-vous
Accès libre.

Après avoir grimpé une volée d'escaliers, vous pénétrez dans le temple du papier. Les artistes les plus prometteurs du moment – photographes, sculpteurs, peintres… – viennent s'enfermer entre ces

murs pour s'initier à toutes les techniques d'impression imaginables. En plus d'admirer les possibilités infinies du papier (sculpté, lithographié, sérigraphié, trempé dans la feuille d'or, malmené ou magnifié), vous pouvez jouer au collectionneur, en mettant la main sur des séries limitées (de 150 à 300 $ en moyenne).

❸ Grimper dans un *bumboat*★★

River Explorer
☎ 63 39 68 33
www.riverexplorer.sg
T. l. j. 7h-23h
Pass journée : 25 $
Kiosques le long de la rivière : Kim Seng Prom., Raffles Place, UOB Plaza, Bayfront North (à côté de l'ArtScience Museum…)
Descentes et remontées possibles aux 13 points d'embarcation.

De Great World City à Marina Barrage, ce taxi aquatique, ancien bateau de marchandises (*bumboat*), vous fera découvrir sans effort les plus beaux coins de la rivière de Singapour. Posez pied à terre pour visiter les verdoyants Gardens by the Bay, faire des emplettes à Marina Bay Sands, ou plonger dans le passé colonial de Singapour devant l'Old Parliament ou la statue de Raffles.

❹ Clarke Quay★★★

www.clarkequay.com.sg

Fermez les yeux et imaginez : des *bumboats* par dizaines tentant de se frayer un chemin pour venir décharger leurs marchandises ; le chaos est indescriptible, la foule bruyante. Ouvrez les yeux et constatez : la foule est toujours présente, mais Clarke Quay n'est plus le bouillonnant port commercial qu'il était il y a encore 150 ans. Sous un immense toit artificiel, de multiples options pour dîner ou boire un verre en font aujourd'hui un repaire de fêtards.

❺ G-max reverse bungy★

3E River Valley Road
☎ 63 38 11 46
www.gmax.com.sg
Dim.-jeu. 14h-1h,
ven.-sam. 14h-3h
Entrée plein tarif : 35 $ de 14h à 18h, 45 $ après 18h.

Voici l'attraction la plus loufoque de Singapour. Vous prenez place dans une « cage » en métal, les élastiques qui la retiennent sont lâchés, et vous voilà propulsé à 60 m de hauteur. Il faut avoir le cœur bien accroché, car vous atteindrez les 200 km/h. Chaque soir, les badauds se pressent pour voir des dizaines de courageux braver leur peur.

❻ Boat Quay★★★

Le quai voisin de Clarke Quay retentissait lui aussi – jusqu'au début des années 1960 – des clameurs des coolies (dé)chargeant de lourds sacs de riz ou de charbon. Aujourd'hui, c'est la clameur des conversations et les verres s'entrechoquant qui font office de fond sonore. Une belle rangée de *shophouses* aux couleurs pastel hébergent pubs et restaurants de fruits de mer. Dans les aquariums extérieurs, crabes, abalones (la spécialité locale) et autres langoustines géantes appâtent les promeneurs.

❼ Pour une pause cocktail : eM★★

Un bar attractif, avec sa belle terrasse à l'ombre des arbres. Confortablement installé sur un banc en bois brut, au son de Bob Marley, on sirote une bière glacée, un lychee Martini, ou l'un des sept mojitos à la carte (cerise noire, pomme, thé vert, mangue…).

1 Nanson Road
☎ 68 36 96 91 – www.em-n-em.com
Lun.-jeu. 9h-2h, ven. 9h-3h, sam. 8h-3h, dim. 8h-2h
Happy hour t. l. j. 17h-21h (cocktail à 8 $).

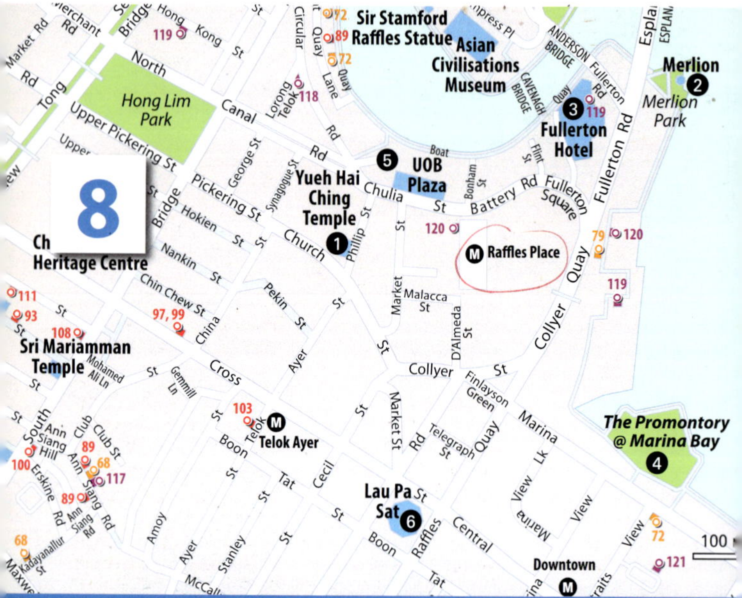

Central Business District, du haut des gratte-ciel

Voir plan détachable E4-5

Des milliers d'hommes en costume trois-pièces et de femmes en tailleur et talons aiguilles se pressent chaque jour dans ce quartier d'affaires composé de gratte-ciel vertigineux. Un hôtel mythique, un temple chinois taoïste, une statue mi-lion mi-poisson et un *hawker centre* classé monument national sont autant d'arguments pour que les voyageurs les y rejoignent.

❶ Yueh Hai Ching Temple*

30b Philip Street
T. l. j. 6h-18h
Accès libre.

Au milieu des gratte-ciel, ce petit temple chinois taoïste pourrait passer inaperçu. Pourtant, n'hésitez pas à en pousser la porte. Construit en 1826 par la communauté Teowhew, issue de la province du Guangdong en Chine, il est dédié à Tian Hou, la déesse de la mer. Lors de sa construction, le monument était en bord de mer. C'était avant que le quartier soit agrandi sur l'eau. Des scènes d'opéra chinois ont été gravées sur les murs. Le toit est l'élément architectural le plus spectaculaire, recouvert de sculptures d'animaux et d'oiseaux.

❷ Merlion***

1 Fullerton Road.

Haute de 8,6 m, lourde de 70 t, solidement implantée face à Marina Bay, la statue du Merlion est l'emblème national. Avec sa tête de lion et son corps de poisson, cette créature mythique symboliserait les origines de Singapour comme village de pêcheurs. D'autres sources affirment qu'elle évoque la créature qu'aperçut le prince Sang Nila Utama en arrivant à Temasek au XIIIe s. Pensant qu'il s'agissait d'un lion, le prince

renomma alors Temasek en *Singapura* (la ville du lion).

❸ Fullerton Hotel**

1 Fullerton Square
☎ 67 33 83 88
www.fullertonhotel.com

Sa façade gris souris en impose avec ses massives colonnes doriques. L'architecte londonien à l'origine de la construction du Fullerton Building en 1928 était arrivé à Singapour avec des plans d'architecture classique grecque plein sa valise. Son modèle : le Parthénon

d'Athènes… Au fil des ans, le bâtiment a hébergé la Chambre de commerce, la Bourse ou la Poste. Depuis 2001, c'est un luxueux hôtel avec vue imprenable sur Marina Bay. Rénové, il conserve ses pépites rétros : la façade extérieure, les sols en marbre italien, et, dans le hall, les boîtes postales et les photos d'époque. N'hésitez pas à y entrer pour y jeter un œil !

❹ The Promontory@ Marina Bay**

11 Marina Boulevard
www.marina-bay.sg

Une grande promenade, entre bitume et gazon. Le lieu est l'hôte d'événements tels que Savour (un salon gastronomique) ou le festival de cerfs-volants. Le 31 décembre, il est noir de monde lors du décompte du Nouvel An. Tous les autres soirs, il faut venir pour admirer le panorama sur Marina Bay : l'hôtel Marina Bay Sands et ses trois tours brillant de mille feux, l'ArtScience Museum, lotus illuminé, ou la grande roue, vertigineuse (voir également le Water and Light Show p. 131). Au pied des gratte-ciel, le Promontory propose aussi une belle palette de restaurants et de pubs.

❺ Les statues en plein air**

Devant UOB Plaza, Boat Quay…

Ici, l'art est partout. Sur les quais, devant les tours UOB Plaza, trône le *Bird* de Botero, un piaf

obèse. Juste à côté, l'*Hommage à Newton*, de Dali, joue les contrastes, tout en finesse. Quelques pas, et vous tombez sur les *River Merchants* de Aw Tee Hong, des marchands surpris en pleine négociation. Un peu plus lion, devant le Fullerton Hotel, la *First Generation* (l'enthousiasme d'enfants sautant dans la rivière) de Chong Fah Cheong interpelle.

❻ Pour une pause *hawker* : Lau Pa Sat***

Un *hawker centre* surprenant : au-dessus des woks se dresse une imposante structure victorienne en acier (le lieu est classé monument national). Les connaisseurs se pressent devant les stands de *satays*, de délicieuses brochettes de poulet ou bœuf grillées minute. La rue devient piétonne la nuit.

18 Raffles Quay
www.laupasat.biz – T. l. j. 24h/24
Plats 4-10 $.

Sentosa, l'île aux loisirs

Voir carte Île de Sentosa au verso du plan détachable.

En malais, Sentosa signifie « paix » et « tranquillité ». Il est vrai que cette île a des airs de paradis, avec ses plages, son aquarium, son golf, ses spas, sa forêt primaire… et ses studios Universal. De fait, les familles ont adopté ce terrain de jeux géant, situé à dix minutes top chrono du centre-ville. Voir comment y aller en p. 129.

1 S.E.A. Aquarium***

Resorts World Sentosa
8 Sentosa Gateway
☎ 65 77 88 88
www.rwsentosa.com
T. l. j. 10h-19h
Entrée plein tarif : 33 $
(28 $ 4-12 ans).

100 000 animaux des mers et océans du monde entier (mer Rouge, détroit de Malacca, golfe du Bengale…) vous attendent dans cet aquarium. Ici, c'est un ballet de poissons synchronisés, nageant à l'unisson, hypnotiques. Là, ce sont des mérous qui trouvent refuge sous la carcasse d'un navire. Un peu plus loin, les enfants se régalent face aux étoiles de mer, oursins et concombres de mer.

Soudain, vous y êtes : dans un long tunnel vitré, vous marchez pendant que requins et raies manta s'affichent, à quelques centimètres de vous.

2 Nature Walk*

40 Imbiah Road
T. l. j. 9h-18h
Accès libre.

Cette promenade est parfaite pour les enfants (1,8 km). Le circuit commence en intérieur où des panneaux donnent une foule d'infos. Puis petits et grands sont incités à ouvrir grands leurs yeux pour découvrir des curiosités naturelles : les plantes dévoreuses d'insectes, par exemple. Si vous avez de la chance, vous apercevrez ensuite singes, écureuils, geckos ou perroquets à travers les branches de la forêt tropicale primaire.

3 Universal Studios Singapore***

Resorts World Sentosa
8 Sentosa Gateway
☎ 65 77 88 88
www.rwsentosa.com
T. l. j. 10h-19h (20h sam.)
Entrée plein tarif : 74 $ (54 $ 4-12 ans).

Passage obligé pour les familles, ce parc leur a concocté 24 attractions basées sur des blockbusters tels que *Jurassic Park*, *Madagascar*, *Shrek* ou *Le Retour de la momie*. Les petits (et les grands) sont invités à dévaler des montagnes russes, faire du rafting au milieu des dinosaures, sauver la Princesse Fiona et son ogre vert dans une aventure en 4D époustouflante, ou accompagner les héros de *Madagascar* dans leurs péripéties aquatiques.

5 iFly**

43 Siloso Beach Walk, #01-01
☎ 65 71 00 00
www.iflysingapore.com
T. l. j. 9h-22h (10h30-22h mer.)
2 sauts : 99 $ (plein tarif) ; 90 $ 7-18 ans.

Avec un diamètre de 5 m et une hauteur de 17 m (l'équivalent de cinq étages), cette soufflerie verticale simule les sensations de la chute libre. Ce tunnel étant vitré, vous pourrez en plus admirer la mer de Chine et Siloso Beach pendant vos prouesses. N'oubliez pas d'arriver 1h30 avant votre vol pour acheter votre ticket, vous entraîner et vous échauffer ! Une pièce d'identité avec photo vous sera demandée lors de l'inscription.

4 Pour une pause luxueuse : Woobar*

Drop the T^2, c'est la proposition du Woobar. Ses arguments : des thés Dilmah « free flow », c'est-à-dire à volonté, et des bouchées sucrées et salées joliment déposées dans une cage à oiseaux argentée. Une expérience glamour, à l'image de la marina et de ses yachts, qui font face à l'hôtel W.

Hôtel W Singapore-Sentosa Cove
21 Ocean Way
☎ 68 08 72 58 – www.wsingaporesentosacove.com
T. l. j. 15h-17h
***High Tea* : 58 $ pour deux personnes (68 $ le week-end).**

6 Images of Singapore***

40 Imbiah Road
☎ 62 79 32 84
T. l. j. 9h-19h
Entrée plein tarif : 10 $.

De l'arrivée de sir Thomas Raffles sur l'île à l'ère post-coloniale, en passant par l'occupation japonaise pendant la Seconde Guerre mondiale, ce musée évoque les grandes étapes de l'histoire de Singapour. Le tout de manière très ludique.

7 Palawan Beach*

Le long ruban (3,2 km) de sable blanc sur Sentosa se partage entre trois plages. Celle de Palawan est la préférée des familles grâce à son *Kids club*.

Seul bémol : la vue sur les cargos, pas très engageante. Si vous dépassez cette première impression, vous pourrez profiter du soleil tropical et vous reposer à l'ombre des cocotiers. La plage compte aussi un pont suspendu, qui mène à une micro-île.

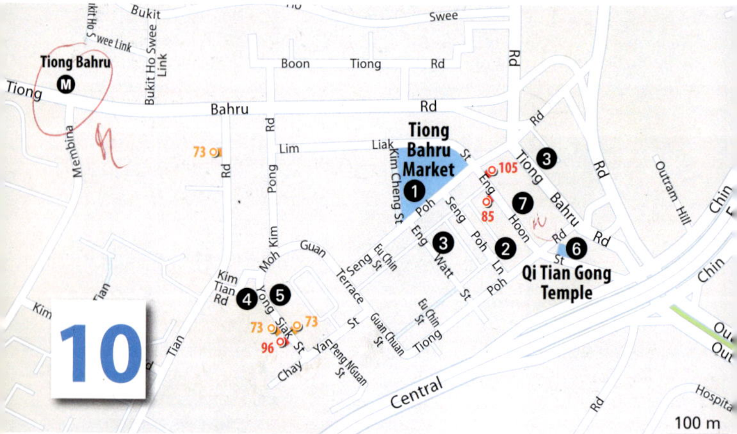

Tiong Bahru, populaire et branché

Voir plan détachable B4-5

Jeunes et vieux, expatriés et asiatiques, artistes et retraités, tout le monde dit : *I love Tiong Bahru!* Terre de contrastes, ce quartier à la fois populaire et trendy est très agréable dès le lever du soleil. Il se dégage une bonne humeur contagieuse entre son marché aux fruits, légumes et crustacés, ses cafés et ses boutiques pendant ces quelques heures matinales.

❶ Tiong Bahru Market★★★

83 Seng Poh Road
T. l. j. 7h-13h.

Tiong Bahru, repaire de jeunes branchés, sait aussi conserver ses pépites vintage. La preuve avec ce marché, construit en 1945. Les grand-mères chinoises viennent s'y approvisionner le matin parmi les pyramides de fruits et légumes, les stands de poissons et de crustacés (dont les immenses *tiger prawns*), ou les œufs de cent ans. À l'étage, le ***hawker centre*** est l'un des plus populaires de Singapour. Pour savoir quel stand choisir, regardez la longueur des files d'attente, un bon indicateur de qualité !

❷ Flea & Trees★

68 Seng Poh Lane
☎ 81 39 11 33
Mar.-ven. 18h-22h,
sam.-dim. 10h-22h.

Garnis de pierres, perles ou fleurs, de toutes les formes et de toutes les couleurs… les colliers fantaisie qui s'accumulent sur les étagères de Flea & Trees sont tout sauf minimalistes (dès 45 $). Baroques chic, ils en mettent plein la vue. Le bouche-à-oreille a rapidement imposé cette boutique dans le carnet d'adresses des fashionistas du coin.

❸ Bâtiments Art déco★★

Sur Tiong Bahru Road, Eng Hoon Street, Seng Poh Lane, Eng Watt Street et Tiong Poh Road.

Les bâtiments ici plafonnent à cinq étages maximum. Quelque peu incongru dans une ville où les gratte-ciel poussent comme des champignons !

7 Pour une pause croissant : Tiong Bahru Bakery by Gontran Cherrier**

Les meilleurs croissants de Singapour, croustillants et aériens, c'est ici et nulle part ailleurs (3,20 $). Des croissants qui ont pour sérieux concurrents des kouign amanns, tout de sucre et de beurre. Si vous poussez jusqu'à l'heure du déjeuner, vous pourrez tester un bun (8,50 $), petit sandwich, à l'encre de seiche, au curry ou au paprika.

56 Eng Hoon Street
☎ 62 20 34 30 – www.tiongbahrubakery.com
T. l. j. 8h-20h.

Construits après la Seconde Guerre mondiale, ce sont les tout premiers HDB, logements sociaux. Avec leurs longues lignes horizontales, leurs toits plats, et leurs balcons arrondis, ils contribuent au charme nostalgique du quartier. Quartier qui, pendant des années, fut surnommé *Mei ren wu* (« le repaire des beautés »), car de riches hommes d'affaires y logeaient leurs maîtresses.

4 Strangelets*

7 Yong Siak Street
☎ 62 22 14 56
www.strangelets.sg
Lun.ven. 11h-20h, sam.-dim. 10h-20h.

Cette boutique porte bien son nom, car *strange*, les objets design rassemblés ici le sont sans aucun doute ! Une petite bibliothèque en forme d'ours, un gorille en bois, une radio MP3 au look rétro, des lunettes en bambou, des poules en plastique coloré (18 $)... Vous apprécierez cette sélection décalée d'objets uniques, qui ne manquent pas d'humour.

5 Books Actually**

9 Yong Siak Street
☎ 62 22 91 95
www.booksactually.com
Lun. 11h-18h, mar.-ven. 11h-21h, sam. 10h-21h, dim. 10h-18h.

Cette librairie indépendante rassemble des titres peu commerciaux, des éditions rares et une grande collection de littérature locale (romans, poésie et nouvelles). Kenny, le propriétaire, sera ravi de vous conseiller. Vous trouverez aussi des objets rétros, comme des appareils photo ou des machines à écrire, et une jolie papeterie en édition limitée.

6 Qi Tian Gong Temple*

44 Eng Hoon Street
☎ 62 20 24 69
www.qitiangong.com
T. l. j. 7h-17h
Accès libre.

Créé en 1920, ce petit temple est dédié au dieu-singe. Les croyants viennent se recueillir devant les dix statues le représentant. Perçu comme tout puissant, profondément respecté, on fait appel à lui pour éliminer la malchance et encourager prospérité et longévité.

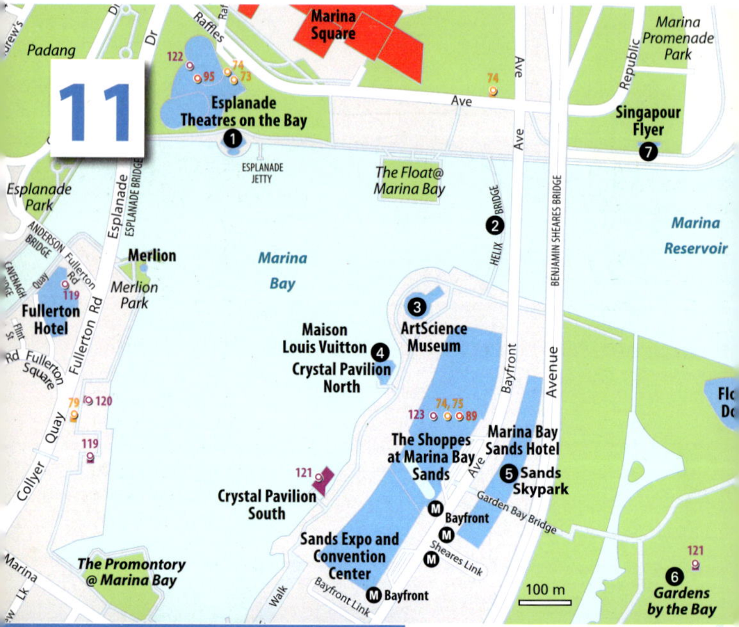

Voir plan détachable
E4-5/F4-5

Marina Bay, luxueux et visionnaire

Coiffé d'un toit-terrasse qui surplombe ses trois tours, l'hôtel Marina Bay Sands (MBS) est l'image qui s'inscrit le plus durablement dans la mémoire des visiteurs. Plus qu'un hôtel, ce *resort* est une véritable ville dans la ville. Face à tout ce gigantisme, les Gardens by the Bay apportent une bouffée d'oxygène bienvenue et la baie offre un panorama inoubliable !

❶ Esplanade Theatres on the Bay★★

1 Esplanade Drive
☎ 63 28 83 77
www.esplanade.com

Ses deux dômes couverts de piquants métalliques évoquent un durian. En bord de rivière, ce complexe architectural attire de nombreux visiteurs venus applaudir spectacles de danse, concerts ou représentations théâtrales. Une visite guidée (The Esplanade Walk) vous renseignera sur les secrets acoustiques du lieu : le Concert Hall peut être ajusté pour résonner comme une petite salle ou une immense cathédrale !

❷ Helix Bridge***

Bayfront Avenue

Fidèle aux codes du yin et du yang, ce pont piéton a été construit pour insuffler bonheur et prospérité à Marina Bay. Mais l'essentiel réside dans son architecture : une double spirale en métal, unique au monde ! Traversez la baie à la nuit tombée, lorsque des centaines d'ampoules propagent une douce lumière, et jetez un œil à Central Business District et à Marina Bay, tout aussi sublimes de nuit.

❸ ArtScience Museum***

10 Bayfront Avenue
☎ 66 88 88 68
T. l. j. 10h-22h
www.marinabaysands.com/singapore-museum
Entrée plein tarif expo. : 15 $
Voir « Pour en savoir plus » p. 50.

Non content d'avoir conçu le Marina Bay Sands, Moshe Safdie est aussi l'architecte de ce musée. Un magnifique lotus

blanc en fleur symbolisant une main ouverte en geste de bienvenue. Du toit, l'eau de pluie ruisselle, créant une cascade au beau milieu de la structure. Cerise sur le lotus : les expos, au sujet et à la muséographie souvent bluffants !

❹ Maison Louis Vuitton**

Crystal Pavilion North, #B1-38-39 et B2-36/37/37A
2 Bayfront Avenue
☎ 67 88 38 88
Dim.-jeu. 10h-23h, ven.-sam. 10h-minuit.

De loin, elle ressemble à un diamant brut, délicatement posé sur l'eau. De près, l'île-boutique est tout aussi spectaculaire. La marque au monogramme occupe un bâtiment de verre asymétrique, évoquant l'art de l'origami, auquel on accède par un tunnel sous-marin. On retrouve également les codes maison (voyage, nautisme, art et luxe…) dans la librairie et la galerie d'art.

❺ Sands SkyPark***

Marina Bay Sands Hotel / Tour 3
10 Bayfront Avenue
☎ 66 88 88 26
T. l. j. 9h30-22h (23h ven.-dim.)
Entrée : 20 $ ou accès gratuit si consommation au bar
Voir « Pour en savoir plus » p. 50.

Dans cette ville haut perchée, le Marina Bay Sands offre une

nouvelle occasion de prendre de la hauteur grâce à son SkyPark. Une fois arrivé au 57e étage, vous aurez de la place : le SkyPark est presque aussi long que cinq A380 alignés ! Admirez le panorama et jetez un œil sur l'impressionnante piscine à débordement… uniquement réservée aux clients de l'hôtel !

❻ Gardens by the Bay***

18 Marina Gardens Drive
www.gardensbythebay.com.sg
• Jardins extérieurs : t. l. j. 5h-2h
• Serres et OCBC Skyway : t. l. j. 9h-21h
Accès libre aux jardins extérieurs
Entrée plein tarif : 28 $ pour les deux serres ; 5 $ pour OCBC Skyway
Voir « Pour en savoir plus » p. 47.

Les VIP de ces jardins futuristes, ce sont dix-huit **Supertrees**, arbres géants constitués d'un mélange d'acier et de chlorophylle. Orchidées, fougères et plantes tropicales recouvrent ces jardins verticaux. La **passerelle OCBC Skyway** permet de passer d'un arbre à l'autre. À voir aussi : les deux serres. **Flower Dome** dévoile une collection de plantes des déserts du monde tandis que **Cloud Forest** entraîne ses visiteurs dans une forêt tropicale nappée de brouillard.

❼ Pour une pause vertigineuse : Singapore Flyer***

Avec ses 165 m de hauteur, cette grande roue-là est plus haute que le London Eye. Grimpez dans une capsule, pour un tour de 30 minutes, cocktail en main.

30 Raffles Avenue
☎ 63 33 33 11 – www.singaporeflyer.com
T. l. j. 14h30, 16h30, 18h30, 19h30, 20h30 et 21h30
69 $ adulte (avec un cocktail), 31 $ enfant (avec un *mocktail*).

12

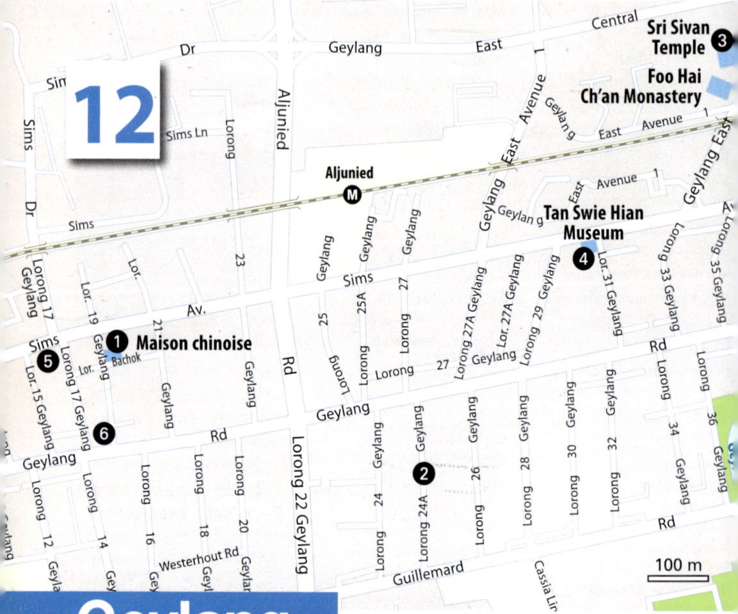

Geylang, le quartier rouge

Voir carte Île de Singapou au verso du plan détachabl

Geylang n'a pas toujours eu bonne presse. Mais il serait dommage de résumer ce quartier à ses maisons closes. Car Geylang, c'est aussi des temples bouddhistes, de superbes *shophouses,* un musée dédié à un artiste local et, surtout, un paradis pour les gourmands ! Si vous venez ici, laissez-vous tenter par les bonnes odeurs qui s'échappent des petits restaurants sans prétention aux spécialités péranakanes, chinoises ou malaises.

1 Maison chinoise*

1 Lorong Bachok.
Des dizaines de sculptures d'animaux ornent la façade de cette étonnante bâtisse. Des oiseaux vert et rose, des félins se livrant combat, des mammouths… L'entrée principale est gardée par des soldats en armes. Sculptés, les soldats ! Si vous longez la maison, vous apercevrez un club chinois. Celui-ci, Ting Chiang Chun Clansmen's Association, regroupe des villageois du sud de la Chine. Chaque jour, ses membres se retrouvent pour jouer aux cartes et boire un thé.

2 Lorong 24A**

Cette tranquille ruelle (*lorong*) est bordée de *shophouses* où éclate le jaune, le vert, le blanc ou le bleu pastel. Les façades sont richement ornées, dans un style baroque chinois. On

y trouve de solides portes en bois, de belles céramiques, des guirlandes ornant la partie supérieure, le nom des magasins inscrit en caractères chinois, des carpes, symboles de prospérité, et, sous les passages couverts, des lanternes rouges suspendues. Ces *shophouses* continuent d'accueillir des associations chinoises, dont les membres se retrouvent chaque semaine pour jouer au mah-jong.

③ Sri Sivan Temple***

24 Geylang East Avenue 2
☎ 67 43 45 66
www.sstsingapore.com
T. l. j. 6h-12h et 18h-21h
Accès libre.

Des vaches statufiées gardent l'entrée, paisibles. Ce grand temple (de la fin du XIXe s.), blanc et orange pâle, a intégré dans son architecture des éléments de l'Inde du Nord et de l'Inde du Sud. Ses fidèles prient Shiva, considéré comme le dieu suprême. Dans la même rue, ne ratez pas le **monastère Foo Hai Ch'an**. Il ne se visite pas, mais son architecture, inspirée par le style de la dynastie Tang, est remarquable.

④ Tan Swie Hian Museum**

460 Sims Avenue
☎ 67 44 35 51
Lun.-ven. 11h-17h, uniquement sur rendez-vous
Accès libre.

L'imagination de l'artiste singapourien Tan Swie Hian est féconde : l'homme est à la fois peintre, sculpteur, calligraphe, poète… Ce musée lui est entièrement consacré. En entrant, vous trouverez une calligraphie recouvrant le sol de toute une pièce. L'artiste a réalisé cette œuvre en trois jours dans le ciment frais, y mettant la touche finale avant que le béton ne sèche complètement ; unique !

⑥ The Panic Room***

311a Geylang Road
☎ 82 28 90 63
www.thepanicroom.com.sg
T. l. j. 12h30-20h.

Un coiffeur-barbier au look délicieusement rétro. Ces messieurs pourront également piocher parmi une belle sélection de produits de beauté. Crèmes capillaires, de rasage, soins pour le corps ou le visage… Le choix est vaste (lotion hydratante après-rasage JS Sloane à 27 $, eau de toilette The blubeards Revenge à 49 $ les 100 ml).

⑤ Pour une pause *dim sum* : Wen Dao Shi**

Une adresse ouverte non-stop, réputée pour ses *dim sum*, servis dans des boîtes en bambou, et ses tout petits prix (3,50 $ les quatre *dumplings*). Le décor est sans chichi, comme souvent à Geylang. Les plats sont rustiques mais bons, évoquant une cuisine de grand-mère chinoise. En dessert, les *egg tarts* sont un classique.

126 Sims Avenue
☎ 67 46 47 57
T. l. j. 24h/24h.

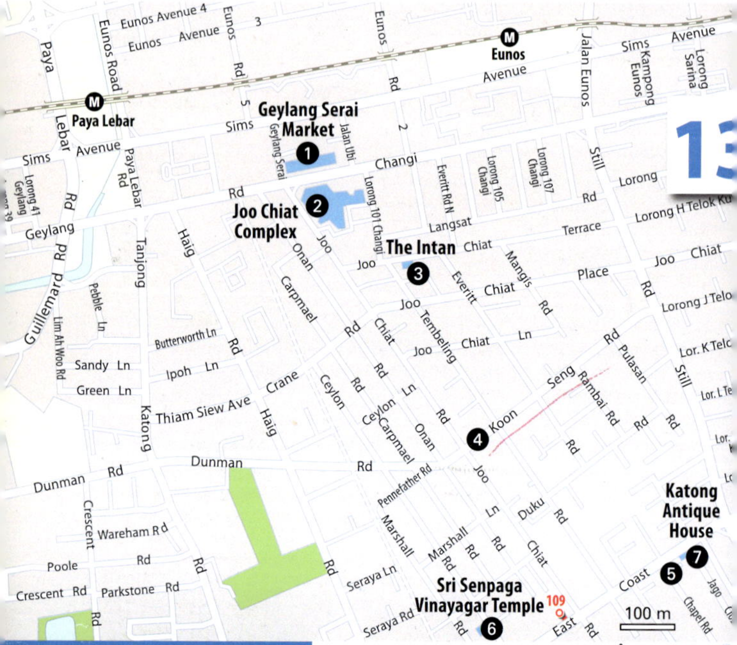

Voir carte Île de Singapour au verso du plan détachable

Katong, le berceau péranakan

Le quartier, qui tire son nom d'une tortue de mer aujourd'hui disparue, était au XIXe siècle couvert de plantations de noix de coco et de coton, propriétés des colons anglais, portugais et chinois. Aujourd'hui, il aligne petits temples, ateliers d'artisanat et *shophouses* multicolores. Pour avoir un bon aperçu de la culture péranakane, c'est ici qu'il faut venir.

1 Geylang Serai Market**

1 Geylang Serai
T. l. j. 8h-22h.

Avec son toit en pente, ses motifs batiks et ses pans de bois, ce marché s'est inspiré de l'architecture traditionnelle malaise. Vous trouverez dans ce *wet market* très animé de quoi préparer un festin malais : de la citronnelle (*serai* en malais) pour 1,50 $, des épices, de l'agneau (dès 30 $ le kilo)... Au rayon des fruits et légumes, l'odeur du durian domine tout le reste. À l'étage, de multiples étals vendent des vêtements orientaux, pour femmes et enfants.

❷ Joo Chiat Complex**

1 Joo Chiat Road
T. l. j. 11h-22h.

Un mall qui vend des tissus au mètre, de l'artisanat, des bijoux en or et, surtout, des vêtements traditionnels malais (dès 10 $ pour une robe). Sur trois niveaux, les *baju kurung* (robes) et *baju melayus* (costumes) sont vendus dans une variété incroyable de couleurs. Il faut venir pendant Hari Raya (la rupture du jeûne du ramadan), quand les clients se préparent à la fête en faisant leurs derniers achats. Le mall est alors en effervescence.

❸ The Intan**

69 Joo Chiat Terrace
☎ 64 40 11 48
www.the-intan.com
Entrée : 45 $, thé compris ; 100 $, dîner compris
Sur rendez-vous uniquement (mini. 8 pers.).

The Intan, c'est l'histoire d'un passionné, Alvin Yapp. L'homme, fils de Péranakans, a commencé une collection d'objets péranakans il y a plus de vingt ans. En plus de Singapour, Malacca et Penang, il est allé en Inde, en Chine et même au Royaume-Uni pour récolter ses trésors. Aujourd'hui, il ouvre sa maison pour faire partager ses trouvailles. Après avoir admiré les meubles ornés de perles et de pierres, les vêtements richement brodés, la porcelaine colorée, vous pourrez déguster une cuisine authentique préparée par la mère d'Alvin.

❹ Koon Seng Road***

Entre Joo Chiat et Tembeling Roads.

Deux superbes rangs de *shophouses* bordent cette rue, faisant d'elle un lieu idéal pour les photographes. Sorties de terre dans les années 1920, ces demeures sont de style « tardif », c'est-à-dire décorées avec faste, et les façades pastel sont ornées de frises. Si les riches Péranakans qu'elles hébergeaient ont depuis longtemps quitté les lieux, elles gardent tout leur charme. Et sont classées au patrimoine national depuis 1991.

❻ Sri Senpaga Vinayagar Temple***

19 Ceylon Road
☎ 63 45 81 76
www.senpaga.org.sg
T. l. j. 7h-12h et 18h-21h
Accès libre.

On raconte que la dynastie des Chola, originaire du sud de l'Inde, est celle qui construisit les temples les plus fabuleux. Or, cet édifice (1875) sable et ocre tire son inspiration des Chola. Deux éléphants en gardent l'entrée. À l'intérieur, trente-deux sculptures du dieu Ganesha sont gravées sur quatre

piliers en granit. Quant au plafond, il est décoré d'images de dragon et de divinités.

❼ Katong Antique House**

208 East Coast Road
☎ 63 45 85 44
T. l. j. 11h-18h, uniquement sur rendez-vous
Accès libre ; visite guidée 15 $.

Cette *shophouse* centenaire a hébergé des générations de Péranakans. Et c'est Peter Wee, de la cinquième génération, qui l'ouvre aujourd'hui au public pour raconter une culture d'une grande richesse. Derrière la lourde porte en bois, les visiteurs découvriront une collection de vêtements traditionnels, de la vaisselle en porcelaine, des bijoux, chaussures brodées ou clichés en noir et blanc de la famille.

❺ Pour une pause traditionnelle : Chin Mee Chin Confectionery**

Ce café est plébiscité depuis plus de 80 ans, une véritable prouesse à Singapour où le turn over est permanent. À l'heure du petit déjeuner ou du thé, la foule s'y presse. Les classiques à la carte – tarte à l'œuf, *kaya toast* et café préparé maison – ont un délicieux goût de nostalgie.

204 East Coast Road – ☎ 63 45 04 19
Mar.-dim. 8h30-16h – Environ 8 $ le petit déjeuner.

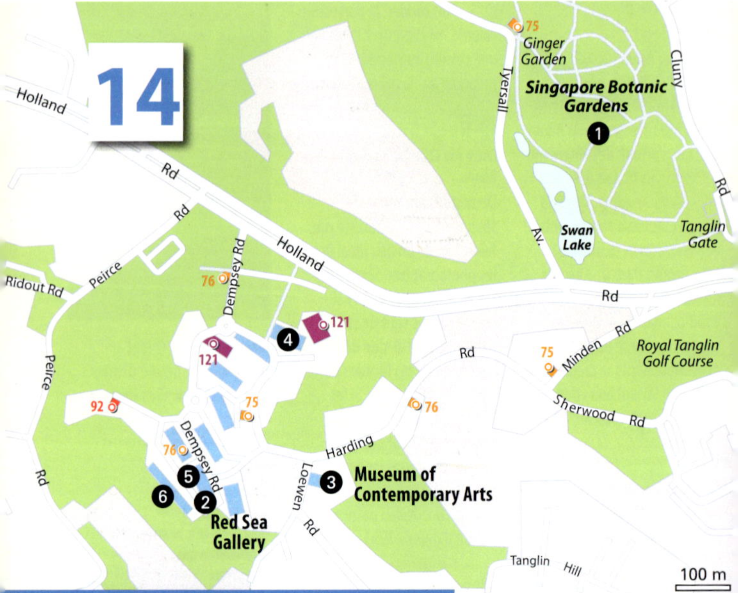

Dempsey Hill, la vie en vert

Voir carte Île de Singapour au verso du plan détachable

Cerné de chlorophylle, ce quartier est plébiscité par les expatriés. Ils viennent y chercher la quiétude, inattendue, à quelques minutes de l'enfiévrée Orchard Road. D'anciens bâtiments militaires y ont été reconvertis en restaurants, cafés, galeries d'art, antiquaires… La *dolce vita* à la singapourienne, c'est ça ! Et c'est aussi le féerique Jardin botanique, qui pourra sublimer votre balade.

❶ Singapore Botanic Gardens***

1 Cluny Road
☎ 64 71 73 61
www.sbg.org.sg
T. l. j. 5h-minuit
Accès libre (5 $ pour le National Orchid Garden)
Voir « Pour en savoir plus » p. 46.

Inauguré en 1859, le plus vieux parc de Singapour est aussi le plus attrayant. Ce bon élève décline une collection d'orchidées (plus de 1 000 espèces, 2 000 hybrides), une forêt tropicale, un jardin de gingembres (250 variétés), trois lacs… Les mélomanes viendront le dimanche, pour les concerts gratuits autour du Symphony Lake. Les enfants, eux, iront au jardin Jacob Ballas, qui leur apprend à aimer et respecter la nature, sans oublier de s'amuser.

2 Red Sea Gallery***

Block 9 Dempsey Road, #1-10
☎ 67 32 67 11
www.redseagallery.com
T. l. j. 9h30-21h (22h ven.-sam.)
Entrée libre.

Il trône à l'entrée, impérial. C'est d'ailleurs son surnom : *Imperial Pig*. Sorti de l'imagination débridée de l'artiste chinois Huang Cheng, ce cochon en silicone capte tous les regards. On aurait tort de s'arrêter là, car dans cette galerie d'art contemporain bien d'autres œuvres méritent le détour : les sculptures en bronze de la Française Val, les chiens à message du Britannique Christian Palmer, les paysages minimalistes – une seule couleur, dégradée à l'infini – du Vietnamien Truc…

3 Museum of Contemporary Arts (MOCA)**

27A Loewen Road
☎ 64 79 66 22
www.mocaloewen.sg
T. l. j. 11h-19h
Accès libre.

Le musée d'art contemporain dévoile au fil d'expos tournantes ce qui se fait de plus expérimental en Asie, à l'image des œuvres de Chen Liu ou Fang Lijun. Le bâtiment en lui-même mérite le détour : niché dans la verdure, un entrepôt immaculé qui s'efface devant l'essentiel, à savoir les tableaux exposés. Dans le jardin, des sculptures monumentales captent tous les regards.

4 Shang Antique***

Block 18D Dempsey Road
☎ 63 88 88 38
www.shangantique.com.sg
T. l. j. 10h-18h30.

Les bouddhas dénichés chez cet antiquaire sont tous des trésors. En albâtre, en bois ou en grès, ils ont plusieurs centaines d'années et proviennent tant du Cambodge que du Myanmar ou de Thaïlande. Les tarifs sont à la hauteur (comptez en moyenne de 1 000 à 10 000 $). Les petits budgets pourront se rabattre sur des copies. Dans tous les cas, Shirley sera là pour vous conseiller. Un conseil : que vous jetiez votre dévolu sur une antiquité ou sur une copie, n'hésitez pas à négocier.

6 Beauty Emporium*

8D Dempsey Road, #02-01
☎ 64 79 00 70
T. l. j. 10h-21h.

Ce magasin de beauté est comme une BB cream : il sait tout faire ! Vous masser (essayez le modelage chinois *Tui na*, extrêmement délassant, 128,40 $ les 60 min), rafraîchir la courbe de vos sourcils (au bar à sourcils Browhaus), vous souffler des idées de cadeaux (les produits de beauté à customiser), vous faire (re)découvrir deux marques bio (Dr Hauschka et REN)… Le tout dans un cadre original, façon supermarché de la beauté.

5 Pour une pause sucrée : Jones the Grocer**

Chouchou des expatriés, ce restaurant-épicerie vaut aussi le détour pour son *tea time*. Choisissez l'une des pâtisseries – hautement appétissantes – mises sous cloche : muffin pomme carotte (4,50 $), brownie sans gluten ou cupcake yaourt et fruits rouges. À déguster sur une des longues tables en bois, accompagné d'un des 34 thés à la carte. Essayez le caramel citron vert (5,50 $).

Block 9 Dempsey Road, #01-12
☎ 64 76 15 12 – www.jonesthegrocer.com
T. l. j. 9h-23h.

Voir carte Île de Singapour au verso du plan détachable

Alexandra Road, cerné de chlorophylle

C'est un quartier souvent délaissé par les visiteurs. Pourtant, il héberge un émouvant musée sur la Seconde Guerre mondiale, les galeries d'art contemporain dont tout le monde parle et, surtout, de belles poches de nature. N'oubliez pas vos baskets, lunettes, crème solaire et appareil photo, et il ne vous restera plus qu'à vous élancer pour un trek oxygéné.

❶ Reflections at Bukit Chandu**

31K Pepys Road
☎ 63 75 25 10
Mar.-dim. 9h-17h30
Entrée plein tarif : 2 $

Les 13 et 14 février 1942, un bataillon de 1 400 soldats malais défendait leur territoire face à 13 000 Japonais. Quarante-huit heures de bataille féroce, où les premiers finirent les combats à mains nues quand les munitions vinrent à manquer. Ce musée, hébergé dans un bungalow, retrace, via des photographies, des vidéos et des témoignages, cette bataille héroïque, mais perdue d'avance. Le lendemain, 15 février, le commandement britannique remettait Singapour aux mains des Japonais.

❷ Hort Park**

33 Hyderabad Road
☎ 64 71 56 01
T. l. j. 6h-22h
Accès libre.

Sur 23 ha, ces quinze jardins à thème offrent l'occasion d'une sympathique balade en famille. À voir : le jardin vertical, le jardin à épices, le jardin balinais, ses palmiers, ses bambous et ses frangipaniers, ou le jardin argenté et sa collection de plantes grisonnantes. Les amateurs trouveront de nombreux conseils de jardinage. Et pourront acheter des graines à semer au retour des vacances.

❸ Labrador Nature Reserve**

Labrador Villa Road
www.nparks.gov.sg
T. l. j. 10h-19h
Accès libre.

En bord de mer, ce parc héberge une riche biodiversité. Le long

des chemins, vous pourrez apercevoir des écureuils roux en train de grimper aux arbres ou l'une des 70 espèces d'oiseaux parmi lesquelles des perroquets ou des *monitor lizards* (de gros reptiles). Particularité de ce parc, vous y verrez des reliques de la Seconde Guerre mondiale, des canons et des bunkers. Vous pourrez aussi pique-niquer sur la plage : des barbecues y sont installés.

❹ Gillman Barracks**

9 Lock Road
www.gillmanbarracks.com
Mar.-sam. 11h-20h, dim. 10h-18h
Accès libre.

Singapour, nouvelle capitale asiatique de l'art contemporain ? Le débat n'est pas tranché. Mais en inaugurant en 2012 ces quatorze galeries, la cité-État a marqué des points face à sa concurrente Hong Kong. On vient ici pour découvrir les œuvres d'artistes asiatiques reconnus, pointus, qui bousculent, voire choquent, comme la Singapourienne Ana Prvacki ou l'Indonésien Filippo Sciascia, mais aussi pour se délecter d'un cadre fantastique : des bâtiments coloniaux immaculés, cernés de verdure, et un café agréable.

❺ Southern Ridges***

Accès : Mount Faber Park, Telok Blangah Hill Park, Kent Ridge Park et Labrador Nature Reserve
☎ 1 800 41 73 00
Informations et idées de parcours sur www.nparks.gov.sg
T. l. j. 24h/24
Accès libre.

Un parcours de 10 km, au milieu de la végétation, reliant trois parcs et une réserve naturelle. Les points d'accès sont nombreux, permettant de faire tout ou partie de la randonnée. Sur le Canopy Walk, une passerelle en bois de 280 m, les promeneurs sont au niveau de la cime des arbres. En point d'orgue, les Henderson Waves, un pont en forme de vagues. Suspendus 36 m au-dessus du sol, les voyageurs apercevront

de nombreux oiseaux entre septembre et avril, comme le milan sacre, un rapace marron et blanc.

❻ Pour une pause nature : Faber Bistro*

Au milieu de votre trek dans les Southern Ridges, ce bistrot offre salades, soupes, sandwichs, viandes, poissons et pâtes. Au sommet du mont Faber, la petite terrasse embrasse un panorama à 360° : d'un côté, les silhouettes des buildings, de l'autre, le port de commerce.

101 Mount Faber Road
☎ 63 77 96 88
www.mountfaber.com.sg
T. l. j. 9h-1h
Plats 9-16 $.

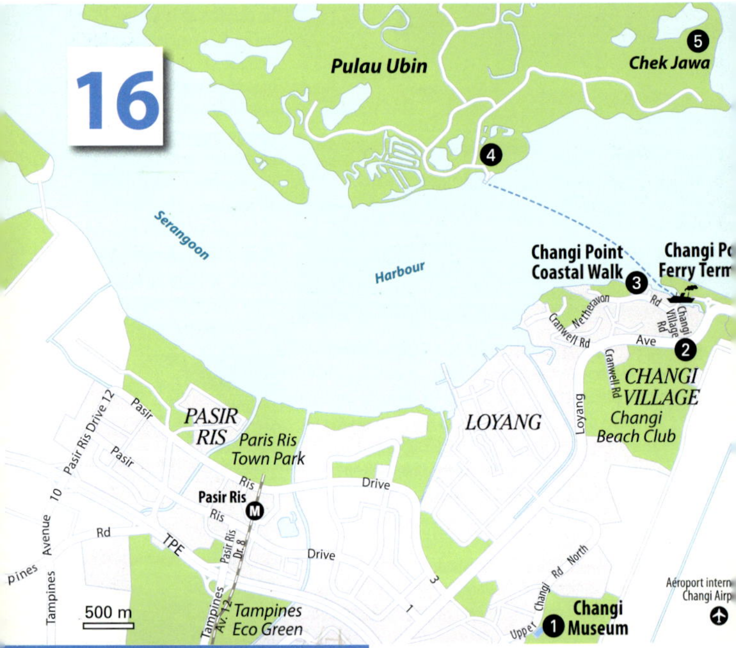

De Changi à Pulau Ubin

Voir carte Île de Singapour au verso du plan détachable

Pulau Ubin plonge ses visiteurs dans un passé pas si lointain (les années 1960), quand Singapour n'était constituée que de villages de pêcheurs. Sur Pulau Ubin, miraculeusement épargnée par le développement, à dix minutes de *bumboat* de Singapour City, le temps s'est arrêté. Au départ ou à l'arrivée de cette visite, Changi Village affiche lui aussi un charme typique.

❶ Changi Museum**

1000 Upper Changi Road North
☎ 62 14 24 51
www.changimuseum.sg
T. l. j. 9h30-17h
Accès libre (audio-tour 8 $).

Ce musée est consacré aux 50 000 civils et prisonniers de guerre emprisonnés par les Japonais pendant la Seconde Guerre mondiale. Accrochés aux murs, des lettres, clichés, dessins et objets racontent la souffrance de ces hommes. Une chapelle a été construite, réplique de celle édifiée par les détenus.

❷ Changi Village**

Changi Village Road.
En bord de mer, un quartier authentique et paisible. Avant d'embarquer pour Pulau Ubin, arrêtez-vous dans ses magasins sans esbrouffe, son marché, son *hawker centre* : au stand #01-34, la file d'attente est toujours

dense. Faites comme les locaux, et régalez-vous des spécialités maison, le *laksa* et les *fish ball noodles* (3,50 $).

3 Changi Point Coastal Walk**

Du terminal des ferrys de Changi Village jusqu'au Changi Beach Club
T. l. j. 24h/24.

Cette passerelle en bois longeant la côte sur 2,2 km offre de multiples occasions de s'émerveiller. Au départ de la promenade, vous verrez crabes et étoiles de mer à marée basse. Si vous êtes chanceux, vous pourrez apercevoir une

hirondelle de Tahiti, petit oiseau au verso bleu métallique ou un tembusu, arbre majestueux dont l'éclosion des fleurs au crépuscule dégage un doux parfum sucré. Et si vous en avez la possibilité, finissez votre balade au coucher du soleil, quand les énormes rochers en équilibre sur l'eau créent un tableau féerique.

4 Louer un vélo***

Pulau Ubin.

Sur la jetée, de nombreuses échoppes louent des vélos (de 2 $ à 8 $ la journée). N'hésitez pas, l'île se prête très bien à ce mode de locomotion. Sur les sentiers de campagne, vous observerez vieilles plantations, maisons en tôle et rivages caillouteux. Dans la jungle, vous croiserez de gentils sangliers, pas du tout agressifs. Gentils, mais gourmands. Attention, si vous laissez quelques instants votre vélo stationné, n'y oubliez pas de nourriture si vous ne voulez pas retrouver vos affaires saccagées à votre retour.

Direction Pulau Ubin !

Après avoir pris le métro jusqu'à Tanah Merah puis le bus nº 2 jusqu'à Changi Village, rendez-vous au Changi Point Ferry Terminal. Tous les jours, des *bumboats* font le trajet de 5h30 à 21h (pas d'horaire fixe), le bateau part dès qu'il y a 12 passagers. Rassurez-vous, le quota est atteint toutes les cinq minutes en moyenne.

Bumboat **: 2,50 $ par personne (aller) ; 10 min de traversée.**

5 Chek Jawa***

Sur la côte est de Pulau Ubin
☎ 65 42 86 64
www.nparks.gov.sg
T. l. j. 8h30-18h
Accès libre.

Pour observer cette mangrove d'une biodiversité incroyable, il vous faudra pédaler ou marcher 40 min. Un (faible) prix à payer pour plonger *into the wild!* Du haut d'une tour vous côtoierez des oiseaux tels que le martin-chasseur à collier blanc ou le bulbul à tête jaune. Sur une longue passerelle longeant la côte rocailleuse, ouvrez grand vos yeux pour ne pas rater étoiles de mer, crabes ou concombres de mer ; prévoyez votre balade à marée basse. Et si vous êtes vigilant, vous pourrez même apercevoir un crocodile.

National Museum of Singapore

Le plus ancien des musées singapouriens fut construit en 1887 dans un style néoclassique. Il se repère de loin, grâce au majestueux dôme qui domine l'entrée. La façade blanche, élégante, fait écho à la luminosité qui inonde les salles intérieures. En 2006, une extension de verre et d'acier a été ajoutée, doublant les proportions du musée.

History Gallery

Des rois malais au XXIe s., cet espace fait la chronique de 700 ans d'histoire. Le voyage commence avec la projection d'images sur un écran vidéo à 360°. Les anecdotes sont mêlées à la grande histoire. C'est ainsi que les visiteurs poussent les portes d'une fumerie d'opium, écoutent les bavardages de dames prenant le thé à l'époque coloniale, ou sont témoins des premiers pas de Raffles sur l'île. Parmi les pépites, vous trouverez dans une autre salle la Singapore Stone, datant du XIVe s. C'est la plus ancienne inscription trouvée à Singapour.

Living Galleries

La gastronomie, la mode, le cinéma et la photographie : le musée offre une plongée dans le passé à travers ces quatre prismes. À découvrir : la cuisine cosmopolite de l'île (avec quelques spécialités comme le *roti prata* indien ou le *nasi lemak* malaisien, présentés via des textes et des photos), un théâtre de marionnettes, la garde-robe des Singapouriennes au XXe s., le *wayang* (l'opéra chinois), ou bien encore des clichés de famille retraçant un siècle d'histoire.

Goh Seng Choo Gallery

Le commandant britannique William Farquhar (1774-1839) avait commandé à des artistes locaux des aquarelles de la faune et de la flore malaises. Cette collection est exposée ici. L'exploration est multisensorielle, grâce à des stations audio reproduisant le chant d'oiseaux vivant au temps de Farquhar.

Envie d'une pause ?

Le musée a plusieurs restaurants, dont **Food For Thought,** qui revisite les classiques singapouriens (T. l. j. 9h-22h – ☎ 63 38 98 87).

> COORDONNÉES

Voir p. 20 – Plan D3
93 Stamford Road
M° Bras Basah
☎ 63 32 36 59
www.nationalmuseum.sg
• Singapore History Gallery : t. l. j. 10h-18h
• Living Galleries et Goh Seng Choo gallery : t. l. j. 10h-20h.
Entrée plein tarif : 10 $ avec prêt d'un audioguide.

Asian Civilisations Museum

L'Asian Civilisations Museum, c'est d'abord un bâtiment de style néopalladien qui en impose. Construit entre 1864 et 1867 par des détenus indiens, sous la houlette de l'Anglais J.F.A. Mc Nair, il a longtemps hébergé les bureaux du gouvernement. Depuis 2003, le musée des Civilisations asiatiques offre un sublime aperçu des arts de tout un continent, d'est en ouest.

Southeast Asia Gallery

Parmi les trésors à ne pas manquer, des outils d'agriculture préhistoriques, des poteries et des bronzes funéraires, ou bien encore des bijoux et textiles appartenant à des tribus. Autre pièce emblématique, un orchestre gamelan javanais (composé de nombreuses percussions, gongs, xylophones et autres tambours), entouré de masques et de marionnettes venant notamment du Cambodge et d'Indonésie.

West Asia/Islamic Gallery

Les artistes islamiques ont maintes fois prouvé leur créativité à travers la calligraphie. De nombreux exemples sont ici exposés, à travers des médiums étonnants : sur du papier, mais aussi du tissu, du métal ou de la céramique. La galerie montre également les avancées des érudits arabes dans les domaines de la médecine, de la chimie et des mathématiques. Enfin, ne ratez pas les astrolabes. Ces instruments de navigation inventés par les Arabes aidèrent les commerçants à rejoindre le Sud-Est asiatique dès le IXe s.

China and South Asia Galleries

La Chine est représentée notamment par des pièces rares en porcelaine, des dynasties Ming and Qing. Les visiteurs apprennent aussi d'où vient l'importance du respect des aînés. Quant à la galerie consacrée au sud de l'Asie, elle revient sur la naissance de l'hindouisme et du bouddhisme. Et quoi de mieux pour illustrer ces religions que des statues en pierre de leurs divinités, telles Shiva et Ganesh ? À voir également, un temple contenant de précieux bronzes originaires du sud de l'Inde.

Pour les enfants

Les plus jeunes peuvent se cultiver, l'air de rien, par le biais du jeu. Dans une ancienne maison de thé chinoise reconstituée, ils s'initient au maniement des baguettes. Ils peuvent aussi dîner dans une tente nomade d'Asie centrale, pousser les lourdes portes d'un palais indien ou porter le turban d'un empereur.

> COORDONNÉES

Voir p. 23 – Plan E4
1 Empress Place
M° Raffles Place
☎ 63 32 77 98
www.acm.org.sg
T. l. j. 10h-19h (21h. ven.)
Entrée plein tarif : 8 $ (4 $ ven. 19h-21h)
Visite guidée gratuite en français le 3e jeudi du mois à 10h.

Singapore Botanic Gardens

Avec son reste de forêt primaire, ses orchidées, ses gingembres et ses quelque 2 000 espèces de plantes et d'arbres tropicaux, ce jardin serein et ses 74 ha sont à sillonner le matin, quand la chaleur n'est pas encore assommante, ou le soir, quand un subtil éclairage magnifie les allées bien entretenues et leurs verts locataires.

Le jardin d'Orchidées (National Orchid Garden)

Avec plus de 2 000 espèces, c'est la plus grande collection d'orchidées au monde. Vous y croiserez notamment la Vanda Miss Joaquim, rose, violette et orange, fleur nationale depuis 1981. Dans le magasin de souvenirs, vous pourrez même acheter des échantillons, bien conservés dans des tubes à essai. Il est autorisé de les rapporter en France.

Le jardin aux Gingembres (Gingers Garden)

250 espèces en provenance d'Asie, d'Amérique, d'Afrique et du Pacifique y sont rassemblées. Leurs formes et leurs couleurs sont diverses, à l'image de leur rôle : tantôt épices, tantôt médicaments, tantôt légumes… Découvrez leur univers surprenant. Devant le jardin, la cascade et l'étendue d'eau peuplée de nénuphars offrent l'occasion de jolis clichés.

Les lacs

Au nombre de trois, ces étendues d'eau sont d'agréables spots de pique-nique. Des cygnes blancs glissent avec grâce sur le Swan Lake, pendant que canards, hérons et cygnes noirs s'ébrouent sur l'Eco Lake. Une scène installée en bordure du Symphony Lake accueille des concerts classiques en plein air le dimanche après-midi.

Le jardin d'enfants Jacob Ballas

Les moins de 12 ans y explorent la nature de manière ludique. Accompagnez-les dans un labyrinthe géant, une cabane dans les arbres, un pont suspendu. Apprenez-leur la magie de la photosynthèse, regardez, touchez, sentez avec eux les plantes. Regardez-les s'amuser sur l'aire de jeux aquatique, et… n'oubliez pas d'apporter une tenue de rechange !

> COORDONNÉES

Voir p. 38 – Carte Singapour au verso du plan détachable
1 Cluny Road
M° Botanic Gardens ou bus depuis Orchard Road
☎ 64 71 73 61
www.sbg.org.sg
T. l. j. 5h-minuit
Jardin d'Orchidées : t. l. j. 8h30-17h
Jardin Jacob Ballas : t. l. j. 8h-19h
Accès libre (5 $ pour le jardin d'Orchidées).

Gardens by the Bay

Inaugurés en 2012, ces jardins futuristes, de 101 ha à terme (54 pour l'instant), ne peuvent laisser les visiteurs indifférents. De la promenade verte en bord de rivière aux deux gigantesques dômes en verre, en passant par les Supertrees, arbres géants faits d'acier et de chlorophylle, la démesure est à l'affiche. Et ce sont pas moins de 250 000 plantes qui s'offrent aux regards.

Supertrees

Les Supertrees semblent issus de l'imagination d'un scénariste de science-fiction. Pouvant mesurer jusqu'à 50 m, ces dix-huit géants sont répartis sur l'ensemble des jardins extérieurs. Corsetés de métal, ces arbres sont recouverts de milliers de plantes tropicales. Futuristes et écolos, ils collectent l'eau de pluie et sont éclairés la nuit grâce à des panneaux solaires.

Conservatories / The Domes

Près des arbres, deux serres (*domes* ou *biomes*) méritent le détour. Le **Flower Dome** emmène ses visiteurs dans un voyage en Australie, Afrique du Sud, Amérique latine, Californie et Méditerranée. Partout où le végétal a développé des stratégies pour survivre au climat chaud et sec. Le baobab africain fait de l'ombre à tous ses camarades, les succulentes, les oliviers millénaires, les dattiers… À côté, la **Cloud Forest** reproduit une forêt tropicale. Vous grimpez au sommet par un ascenseur avant de redescendre à pied, profitant d'un panorama irrésistible sur la canopée. Vous ne pourrez pas rater la plus grande cascade intérieure au monde !
En revanche, ayez l'œil pour repérer les plantes carnivores…

OCBC Skyway

À 22 m du sol, cette passerelle de 128 m de long relie deux Supertrees. Vous profiterez d'un superbe panorama sur les jardins et Marina Bay.

World of Plants et Cie

Les jardins extérieurs, immenses, sont une source infinie de découvertes. Ici, vous tomberez nez à nez avec huit sculptures d'animaux, tels le calao ou le pangolin, taillés dans un ficus. Là, c'est une collection de quatre jardins à thème – les **Heritage Gardens** – qui attirera votre attention. Malais, chinois, indien et colonial, ils plongent dans la culture passionnante de Singapour à travers l'histoire des plantes ! Finissez la visite par la balade de 2 km en bord de rivière.

> COORDONNÉES

Voir p. 33 – Plan F4-5
18 Marina Gardens Drive
M° Marina Bay ou Bayfront
www.gardensbythebay.com.sg
- **Jardins extérieurs :** t. l. j. 5h-2h
- **Serres et OCBC Skyway :** t. l. j. 9h-21h
- **Supertrees :** spectacle son et lumière gratuit t. l. j. à 19h45 et 20h45

Accès libre aux jardins extérieurs
Entrée plein tarif pour les deux serres : 28 $; pour OCBC Skyway : 5 $.

Réserves animalières

Un des plus beaux zoos du monde, du fait de la relative liberté dont jouissent ses 2 800 locataires : de grands enclos, sans cages, ni barreaux. Un Night Safari, pour admirer les bêtes sauvages noctambules, s'activant une fois évanouis les derniers rayons du soleil, et le plus grand parc à oiseaux d'Asie… Autant d'idées de balades authentiques.

Singapore Zoo

Il est un peu éloigné du centre-ville (env. 1h de trajet), mais la visite en vaut la peine. On y croise des tigres blancs, des orangs-outans, des ours polaires, des pandas… Certains espaces offrent même des tête-à-tête surprenants avec les bêtes. Les visiteurs peuvent se promener avec les kangourous, et les nourrir de la paume de leur main, observer au plus près des chauve-souris géantes ou des lémuriens s'offrant un bain de soleil. À côté se trouve un autre parc, le **River Safari,** qui reconstitue huit grandes rivières du monde (Mississipi, Amazone, Mekong, Nil…), avec les animaux qui y vivent.

Night Safari

Un zoo ouvert uniquement la nuit ? Quelle bonne idée ! Après tout, les bêtes sauvages sont dans leur majorité des noctambules ! À deux pas du zoo, ce *Night Safari* propose donc d'embarquer dans un tram ouvert. Grâce à un éclairage bien pensé – assez pour voir les animaux, pas suffisamment pour les déranger –, vous surprendrez *into the wild* tigres malaisiens, éléphants et ours noirs d'Asie, lions, léopards, loups, hyènes, hippopotames… Les aventuriers ont la possibilité de faire un parcours balisé à pied, en toute sécurité bien évidemment !

Jurong Bird Park

Des pingouins agglomérés sur leur bloc de glace forment le sympathique comité d'accueil de ce parc. À côté, une colonie de flamands roses se rafraîchit au pied d'une cascade. Ici, c'est un pélican qui plonge, et remonte à la surface un poisson coincé dans le bec. Là, des toucans joueurs, qui jettent des fruits en l'air. Un peu plus loin, une femelle calao qui confectionne avec application le nid pour sa future progéniture. Tous sont quelques-uns des 5 000 spécimens à plumes qui forment la plus grande collection d'oiseaux d'Asie.

> COORDONNÉES

Voir la carte de Singapour sur le rabat arrière

• Singapore Zoo :
80 Mandai Lake Road
M° Ang Mo Kio
puis bus n° 138
☎ 62 69 34 11
www.zoo.com.sg
T. l. j. 8h30-18h
Entrée plein tarif : 28 $

• Night Safari
Mêmes coordonnées que le zoo. Possibilité de navette pour le retour (SAEx ; 6 $)
www.nightsafari.com.sg
T. l. j. 19h30-minuit
Entrée plein tarif : 39 $

• Jurong Bird Park :
2 Jurong Hill
M° Boon Lay
puis bus n° 194 ou 251
☎ 62 65 00 22
www.birdpark.com.sg
T. l. j. 8h30-18h
Entrée plein tarif : 25 $

Billet combiné possible entre ces trois sites.

Raffles Hotel

C'était un 13 août 1902. Un tigre, échappé d'un cirque, fait irruption dans la Bar & Billiard room et est aussitôt abattu par un des convives. Des anecdotes comme celle-là, cet hôtel de légende en a à foison. Pour un verre ou pour une nuit, y pénétrer, c'est plonger dans un passé colonial opulent, mystérieux et envoûtant.

Un peu d'histoire

Étonnant mais vrai : le Raffles n'était au départ qu'un modeste bungalow de dix chambres, inauguré en 1887 par les frères Sarkie. En 1904, un bâtiment est ajouté sur Dras Dasah Road. D'inspiration néo-Renaissance, c'est cette façade emblématique qui représente le faste du Raffles. Après la Seconde Guerre mondiale, son étoile pâlit. Il est presque démoli… avant d'être sauvé une fois pour toutes de l'appétit des promoteurs lorsqu'il est déclaré monument national en 1987. Deux ans et demi de travaux pharaoniques – et 160 millions de dollars – lui redonnent son charme rétro.

Élégance intemporelle

Le Raffles se reconnaît au premier coup d'œil : à sa façade ivoire, à son portique orné de fer forgé, à son fameux portier sikh en livrée (sans doute la personne la plus photographiée à Singapour !)… Une fois la porte d'entrée franchie, le hall impressionne, avec son sol en marbre blanc, son piano et sa grande horloge. Même raffinement dans les 103 suites, avec les hauts plafonds, le mobilier péranakan sculpté, les tapis persans recouvrant un parquet en teck et, bien sûr, la vue sur les jardins tropicaux, plantés de palmiers et de frangipaniers. Pour profiter des lieux sans avoir une chambre, le mieux reste d'aller y boire un verre, voire d'y dîner. L'hôtel compte quinze restaurants et bars. Parmi eux, l'**Ah Teng Bakery,** pour manger une pâtisserie, le **Long Bar Steakhouse,** destiné aux carnivores, le **Writers Bar,** pour siroter un cocktail en rêvant aux écrivains qui sont passés par ici, ou le **Raffles Courtyard,** l'agréable patio situé dans le jardin tropical, au look délicieusement rétro. Mais on y trouve également une galerie de shopping et un théâtre (tenue élégante recommandée).

Who's who

Des écrivains (Rudyard Kipling, Somerset Maugham) y ont puisé leur inspiration. Les stars du cinéma (Ava Gardner, Alfred Hitchcock, Charlie Chaplin) leur ont emboîté le pas. Et la famille royale d'Angleterre a suivi, la reine Élisabeth II d'abord, le prince William et la princesse Kate plus récemment.

> COORDONNÉES

Voir p. 21 – Plan E3
1 Beach Road
M° City Hall
☎ 63 37 18 86
www.raffles.com

Marina Bay Sands

Il n'a fallu que quatre mois à l'architecte Moshe Safdie pour imaginer ce projet… et quatre ans pour le réaliser (avec 11 000 ouvriers et un budget de 5,7 milliards de dollars). Inauguré en 2010, le complexe Marina Bay Sands regroupe un hôtel, un casino, deux théâtres, 300 magasins, 60 restaurants, un centre de congrès et d'expositions et 9 000 employés !

Prouesse architecturale

C'est l'image qui s'inscrit durablement dans la mémoire des visiteurs : trois bâtiments penchés comme la tour de Pise, coiffés d'une pagode. Cet hôtel, c'est le Marina Bay Sands, 2 561 chambres et suites, sur 55 étages. Sa construction fut supersonique : un étage terminé tous les quatre jours ! Le plus complexe fut de hisser le SkyPark, la « pagode », 7 000 t d'acier. Elle fut séparée en quatorze morceaux, et chaque morceau nécessita 24 heures pour atteindre sa destination finale, à 200 m au-dessus du sol. Sur le toit, la piscine à débordement, qui s'étire sur 150 m, est vertigineuse. Le centre commercial, quant à lui, est tout aussi étonnant : les visiteurs peuvent y voguer sur des sortes de gondoles au fil de canaux. Et une patinoire (sans glace !) attend les plus petits.

La vie en vert

L'architecture de Marina Bay a été validée par des experts feng shui. Le complexe est aussi écolo. Il recycle plus de 160 t d'aluminium, plastique, papier et verre chaque mois. Dans les chambres inoccupées, les rideaux se ferment tout seuls, pour les garder plus fraîches. L'eau de pluie est collectée sur le toit de l'ArtScience Museum. La façade vitrée du mall optimise l'utilisation des rayons du soleil, diminuant ainsi les besoins en lumière artificielle.

Casino : plus fort que Las Vegas !

Le casino de Marina Bay Sands, avec ses 600 tables de jeux et 1 500 machines à sous, a devancé son rival américain en termes de chiffre d'affaires, se classant juste derrière Macao. L'explication : les joueurs ici sont plus dépensiers. La mise moyenne d'un Asiatique est de 100 $, contre 20 $ pour un Américain. Pour l'anecdote, le chandelier qui éclaire le casino pèse 7,1 tonnes et est recouvert de 132 000 cristaux de Swarovski.

> COORDONNÉES

Voir p. 33 – Plan F4-5
Hôtel, mall The Shoppes at Marina Bay Sands et casino
10 Bayfront Avenue
M° Bayfront
☎ 66 88 88 97
www.marinabaysands.com
Boutiques ouv. t. l. j. 10h-23h.

Sultan Mosque

Bien avant d'y arriver, vous apercevrez son dôme doré. Majestueux, il éclipse tous les édifices avoisinants. N'hésitez pas à visiter Masjid Sultan, car cette mosquée constitue un superbe exemple de métissage architectural, turc, mauresque et perse.

La construction

L'histoire de ce monument religieux remonte à 1824. Le sultan malais Hussein vient alors de céder ses droits souverains sur Singapour à Raffles. En échange, il obtient un quartier, Kampong Glam, et un prêt de 3 000 $... qu'il utilisera pour bâtir la mosquée. Un siècle plus tard, celle-ci a subi les outrages du temps. Mission est donnée à l'architecte irlandais Denis Santry de lui redonner sa splendeur. Il ajoute des dômes, surmontés d'étoiles et de croissants, symboles traditionnels de l'islam, des minarets, des balustrades... La mosquée a été classée monument national en 1975.

L'intérieur

À l'appel du muezzin, les hommes se rassemblent dans le hall principal. Le vendredi, on peut compter jusqu'à 5 000 fidèles. Les femmes, elles, rejoignent les galeries à l'étage. Au sol, un immense tapis offert par un prince d'Arabie saoudite ; il porte son emblème. Les murs, eux, sont ornés de carreaux de mosaïque vert et or, et de passages du Coran calligraphiés. Au fond de la mosquée se trouve un mausolée, auquel on ne peut accéder, renfermant la tombe du sultan et celle de son petit-fils.

Le mois saint

Pendant le ramadan, après le coucher du soleil, les rues (notamment Bussorah) et la place entourant la mosquée se remplissent d'étals appétissants, vendant currys, gâteaux et sucreries. Au crépuscule, les fidèles rompent le jeûne tous ensemble sur la place.

> COORDONNÉES

Voir p. 17 – Plan F2

3 Muscat Street
M° Bugis
☎ 62 93 44 05
www.sultanmosque.org.sg
Sam.-jeu. 9h-12h et 14h-16h, ven. 14h30-16h30
Les visiteurs sont libres de flâner dans la mosquée, excepté dans le hall de prière. Une tenue appropriée (pantalon ou jupe longue, et haut avec des manches) est exigée. Si ce n'est pas le cas, ne rebroussez pas chemin pour autant : on pourra vous prêter à l'entrée de quoi vous couvrir. Les chaussures doivent être déposées à l'entrée. Si l'accès est libre, un don est le bienvenu.

Sri Veeramakaliamman Temple

Pour échapper aux bombardements pendant la Seconde Guerre mondiale, de nombreuses personnes trouvèrent refuge dans ce temple. Toutes en sortirent indemnes. Pas étonnant quand on sait que la déesse vénérée ici est la féroce Kali, connue pour être la destructrice du mal et la protectrice de ceux faisant le bien…

Un peu d'histoire

Au milieu du XIXe siècle, des milliers d'Indiens débarquent à Singapour. Face à cet afflux, de nombreuses voix s'élèvent pour réclamer la construction d'un temple hindou. C'est chose faite en 1881. Les croyants décident de dédier le monument à Kali. Un choix pertinent : la très puissante déesse répond à un besoin essentiel des immigrés, celui de se sentir en sécurité sur une terre étrangère.

Kali et Cie

Des artisans furent amenés tout spécialement d'Inde du Sud pour réaliser ce travail d'esthète. Sur le vertigineux *gopuram* (la tour servant d'entrée) s'empilent des statues de divinités hindous. À l'intérieur du temple, une statue noire de Kali la montre entourée de ses fils Ganesh et Murugan. Une facette maternelle qui contraste avec ses autres représentations, telle cette statue ornée d'un collier de crânes, assise sur le cadavre de son mari. Plus joyeuse est la sculpture de Ganesh, le dieu à la tête d'éléphant, symbole de sagesse et de prospérité.

Jours sacrés

Le temple connaît ses « heures de pointe » les mardis et vendredis, jours considérés comme sacrés par les disciples. Toute la journée, c'est alors un flot continu de fidèles entrant dans le temple pour prier et demander que leurs souhaits soient exaucés. Ils en ressortent le front couvert de cendres rouges. C'est la particularité d'un temple dédié à une déesse. Quand il s'agit de vénérer un dieu, les cendres sont blanches.

> COORDONNÉES

Voir p. 13 – Plan E1
141 Serangoon Road
M° Little India
☎ 62 95 45 38
www.sriveeramakaliamman.com
T. l. j. 5h30-12h30, 16h-21h
Accès libre ; don suggéré (*Donation Box*). Les visiteurs doivent laisser leurs chaussures à la porte et porter une tenue appropriée (jambes couvertes, hauts avec des manches).

Chinatown Heritage Centre

Il fut un temps où les ruelles de Chinatown étaient mal famées. Un temps où les premiers immigrants chinois y luttaient pour leur survie, accablés par la pauvreté, dépendants à l'opium, embrigadés contre leur gré dans des gangs. Cette époque, ce musée la restitue grâce à des photos, des vidéos et des reconstitutions réalistes de scènes du quotidien.

La terre promise

Le musée fait d'abord le récit de l'arrivée de ces milliers de Chinois. Au XIXe s., portés par l'espoir, en quête d'une vie meilleure, ils furent nombreux à s'engager dans un périlleux voyage en mer, sur de frêles jonques. Les moins chanceux, qui tombaient malades et mouraient, étaient jetés à la mer. Les autres poussaient un soupir de soulagement en voyant les drapeaux rouges (plantés en signe de bienvenue) flottant sur la colline de Fort Canning. Finalement, après un mois de voyage, ils posaient enfin les yeux sur la terre promise : Singapour.

La vie dans les *shophouses*

D'anciens habitants de ces maisons traditionnelles ont activement participé à la création du musée, en apportant leurs souvenirs, parfois même en donnant des objets personnels. C'est ce qui rend si réaliste la reconstitution de l'intérieur exigu des *shophouses*, les lieux délabrés où ils vivaient et travaillaient. Ici une chambre, là une cuisine, un peu plus loin l'échoppe d'un tailleur, donnent à voir un quotidien de misère. Les lumières tamisées amplifient cette atmosphère oppressante.

Opium, gangs et autres vices

Cette vie dure pouvait conduire certains à trouver refuge dans la prostitution ou l'opium. En 1923, 423 magasins aux portes rouge sombre vendaient cette drogue au comptoir, en toute légalité. D'autres dangers guettaient les immigrés, telles des sociétés secrètes, de véritables gangs qui rackettaient les immigrants pour leur offrir une « protection » contre les gangs rivaux. Le musée reconstitue ces scènes, avec des figurines réalistes : ici les hommes d'une société secrète échangeant des propos autour d'une table, là des compatriotes, portant toute la fatigue du monde sur leur visage, en train de s'adonner au vice du jeu. À côté, des photos et citations, comme autant d'éléments pour ne jamais oublier ces ancêtres courageux.

> COORDONNÉES

Voir p. 15 – Plan D5
48 Pagoda Street
M° Chinatown
☎ 63 25 28 78
www.chinatownheritagecentre.sg
T. l. j. 9h-20h
Entrée plein tarif : 10 $.

Singapour, jungle urbaine

Jusqu'au début du XIXe siècle, Singapour était un territoire hostile aux humains : par son climat équatorial, chaud et humide toute l'année ; par sa nature, une jungle épaisse, cernée par la mangrove ; par ses animaux, serpents et tigres, qui peuplaient l'île et faisaient la loi. Puis, sir Thomas Stamford Raffles est arrivé… et peu à peu la nature a été domestiquée par l'homme. Aujourd'hui, malgré une urbanisation galopante, la nature est bien présente, partout.

Premier ministre jardinier

Le 16 juin 1963, le Premier ministre Lee Kuan Yew plante un arbre mempat. C'est la première étape symbolique d'une grande campagne de végétalisation, puisque 1,5 million d'arbres ont été mis en terre depuis lors. L'homme politique est un pragmatique : face à ses rivales asiatiques grises et polluées, il a compris que faire de Singapour un endroit agréable à vivre lui donnera un avantage concurrentiel. Et sa stratégie s'avère payante : cette harmonie entre le béton et le végétal attire les investisseurs étrangers. Depuis son indépendance en 1965, Singapour connaît une insolente croissance économique. Le PIB par habitant s'élève aujourd'hui à 49 271 USD.

La vie en vert

La densité de population est la plus élevée au monde après Monaco avec 6 751 hab./km². Une donnée qui pourrait être étouffante. Or les photos satellites montrent que les zones vertes (parcs, toits végétalisés…) couvrent la moitié du pays, alors qu'en 1986, seuls 36 % du territoire étaient couverts de verdure. Preuve qu'après l'indépendance, en même temps que sortaient de terre des gratte-ciel, le végétal gagnait lui aussi du terrain. Au fil du temps, les autorités ont gardé le même objectif : construire une *Garden City* (ville-jardin). Singapour, ou la *Green City* !

Icônes végétales

Il y a d'abord le Jardin botanique, le plus vieux parc singapourien (1859), et sa collection d'orchidées (p. 38). Il y a aussi les futuristes Gardens by the Bay (p. 33), inaugurés en 2012, avec 200 000 espèces de plantes issues de tous les continents et deux serres en verre monumentales. L'ambition est d'en faire le Central Park singapourien, avec à terme une superficie de 101 ha.

Parcs et réserves naturelles

Dès la sortie de l'aéroport Changi, la nature est partout. La métropole de verre et d'acier a bordé d'arbres ses majestueuses avenues et ses minuscules ruelles, fait pousser des plantes tropicales entre ses gratte-ciel, et multiplié ses parcs. Il y en a plus de 300 aujourd'hui. Cette politique a des répercussions sur la vie animale. De nombreuses espèces, comme les libellules, les papillons ou les calaos sont en nette augmentation.

Marina Barrage

Créé en 2008, voici le premier réservoir d'eau douce implanté en centre-ville. Les sportifs viennent ici s'exercer au paddle, à la planche à voile ou au kayak. Le week-end, les enfants investissent avec joie le toit verdoyant du barrage et s'éclaboussent sur l'aire de jeux aquatiques, les familles déploient les nappes à pique-nique, et, si vous levez les yeux, vous verrez très souvent un festival de cerfs-volants.

8 Marina Gardens Drive
(Hors plan par F5)
T. l. j. 24h/24.

Forêt primaire et mangrove

Si la main de l'homme a souvent façonné la nature singapourienne, il existe encore des poches totalement vierges. C'est le cas de Bukit Timah Nature Reserve. Cette

forêt tropicale humide héberge 500 espèces d'animaux et 840 espèces de plantes. Attendez-vous à croiser des macaques à longue queue, des lémurs volants ou des aigles pêcheurs. De son côté, au nord-ouest de l'île, Sungei Buloh Wetland Reserve, une mangrove qui s'étend sur 130 ha, accueille crabes, serpents d'eau, crocodiles, hérons ou martins pêcheurs. Une passerelle en bois permet de les observer sans se mouiller les pieds.

Jardins en 3D

Jamais à court d'idées, le gouvernement compte poursuivre sur sa lancée. Pour faire face à la pénurie de mètres carrés, il a trouvé une solution : végétaliser toits, façades et terrasses de bâtiments d'ici 2030. La démarche peut déjà se voir sur de nombreux bâtiments, comme l'hôtel ParkRoyal on Pickering. Avec ses jardins aériens, qui occupent une bonne partie de la façade, il confirme le règne du végétal.

MacRitchie Reservoir

D'un côté, les gratte-ciel vertigineux du centre de Singapour, de l'autre, une jungle exubérante, le MacRitchie Reservoir. Entre les deux, cinq minutes top chrono. Ce poumon vert attire autant les joggeurs que les amoureux de nature. Ici des singes en train de jouer, là un varan qui s'enfuit, un peu plus loin un oiseau vert-bleu qui prend son envol. Ce réservoir cache une pépite : le Tree Top Walk, une promenade vertigineuse, sur un pont suspendu, qui permet de tutoyer la cime des arbres.

Lornie Road – M° Toa Payoh
(Voir carte Île Singapour au verso du plan détachable)
☎ 64 68 57 36
T. l. j. 7h-19h
Accès libre.

La diversité en étendard

Il paraît bien loin le temps – c'était en 1822 – où Raffles scindait la ville en quartiers ethniques. Aujourd'hui, Chinois, Malais, Indiens et autres immigrés se mélangent. Et malgré quelques tensions, toutes ces communautés cohabitent dans un esprit plutôt tolérant, encouragées en ce sens par les autorités de cet État laïc. Pour le voyageur, cette diversité s'écrit au fil de festivals colorés, au détour d'une mosquée, d'un temple hindou ou d'une cathédrale.

Vagues d'immigration

Dès 1819, et l'établissement de la colonie anglaise, Singapour a encouragé l'immigration. Par sa position géographique, centrale, sur le détroit de Malacca, et par son statut de port libre. Chinois, Indiens, Indonésiens ou Malais affluent alors en nombre. En 1822, les Anglais décident, avec leur premier plan de ville, de créer des quartiers pour chaque communauté ethnique : Little India pour les Indiens, Chinatown pour les Chinois et Kampong Glam pour les Malais. Derrière ce plan, l'envie de diviser pour mieux régner. Aujourd'hui, même si ces quartiers restent des quartiers communautaires, cernés de gratte-ciel et de malls fastueux, Singapour a pris conscience, depuis l'indépendance en 1965, que pour construire une nation solide il fallait encourager l'unité. Les HDB (Housing and Development Board), logements sociaux, doivent être le reflet fidèle de la diversité de la population. 74,2 % de la population étant d'origine chinoise, 74,2 % des appartements doivent leur être réservés (13,3 % doivent aller aux Malais, 9,2 % aux Indiens, ainsi de suite), une façon d'éviter la formation de ghettos ethniques. Enfin, chaque religion a ses festivals et ses jours fériés.

Majorité chinoise

Sur les 5,4 millions d'habitants que compte l'île, 74,2 % sont Chinois. Ceux qui arrivèrent sur les côtés singapouriennes au

XIXe siècle étaient nombreux à fuir la pauvreté et la corruption de leurs hommes politiques. S'ils parlent une variété de dialectes, leur fil rouge est le mandarin (la langue de Pékin), enseignée dans les écoles de Singapour. Une majorité suit les principes du bouddhisme, une minorité est taoïste ou chrétienne. Leur calendrier est

évidemment dominé par le Nouvel An chinois ; une bonne occasion pour les voyageurs de mieux comprendre cette culture. Les rues de Chinatown brillent alors des lueurs de milliers de lanternes rouges. Le point d'orgue des festivités a lieu lors de la Chingay Parade, une sorte de carnaval flamboyant avec danseurs-lions ou dragons, cracheurs de feu et magiciens.

Brassage de cultures

Loin derrière en nombre, on trouve les Malais (13,3 % de la population), musulmans en majorité. Ce sont eux les indigènes. D'ailleurs, le malais est l'une des quatre langues officielles (avec l'anglais, le mandarin et le tamoul ; voir p. 130), et l'hymne national est en malais. En troisième position, les Indiens (9,2 %). Certains de leurs aïeux, soldats, accompagnèrent Raffles à son

arrivée sur l'île, en 1819, pour protéger les intérêts de l'Empire britannique. En termes de religion, ils sont hindous (55 %), musulmans (26 %), chrétiens (12 %) et bouddhistes (1 %). Les Eurasiens (1 %) sont les descendants de mariages entre Européens et locaux pendant la période coloniale. Enfin, les Péranakans (1 % également) sont eux les descendants d'unions entre Malais et Chinois (voir à ce sujet le Peranakan Museum p. 22).

Quelques tensions

Dans l'ensemble, peu de conflits émergent. Tout n'est pas rose pour autant, notamment pour celui qui dépasse sa première impression. La communauté musulmane, par exemple, a souffert comme dans le reste du monde après les attentats du 11-Septembre. De la même manière, des Malais et Indiens se sentent désavantagés, notamment quand ils cherchent du travail dans des entreprises dominées par les Chinois.

Cols blancs et cols bleus

Les travailleurs étrangers sont plus d'un million. Dans les secteurs de la high tech et de la finance, le gouvernement a tout fait pour attirer des entreprises étrangères à forte valeur ajoutée afin de compenser le manque de compétences en interne. Les cols bleus, eux, sont des Indiens et des Pakistanais employés dans le secteur du bâtiment, ou des Philippines travaillant en tant que femmes de ménage. Contrairement aux cols blancs, ces derniers ont des salaires très faibles, de 500 à 700 $ par mois (300 à 420 €), quand le revenu moyen du travail par foyer est de 9 515 $ mensuel (environ 5 700 €) à Singapour (en 2012). Les différences de salaires sont très fortes entre deux formes d'expatriation.

Melting pot architectural

L'architecture de Singapour est à l'image de sa population : un brassage de styles et de sensibilités. Des gratte-ciel vertigineux d'un côté, des *shophouses* étroites de l'autre. Entre les deux, les sublimes édifices hérités du colonialisme et les HDB, ces logements sociaux qui abritent 82 % de la population. L'ensemble éclectique réussit, comme un funambule, à trouver l'harmonie, sur le fil…

Shophouses

Entre les années 1840 et les années 1960, Singapour a suivi l'exemple d'autres villes du Sud-Est asiatique (comme Malacca en Malaisie), en édifiant des milliers de *shophouses*. Un nom logique : le rez-de-chaussée servait de boutique *(shop)*, l'étage de logement *(house)*. Au fil du temps, les styles se sont succédés, empruntant aux codes architecturaux européens, malais ou chinois. Couleurs pastel, façades souvent richement ornées, toits en tuiles leur donnent un air délicieusement rétro. Ces maisons étroites sont reliées par une allée couverte, de *five foot* très précisément, pour protéger les passants du soleil torride et des pluies torrentielles. Le voyageur pourra voir de superbes *shophouses* sur Emerald Hill, à Chinatown ou sur Clarke Quay.

Héritage colonial

Les Anglais ont donné à Singapour quelques-uns de ses plus emblématiques bâtiments. Le Victoria Theatre and Concert Hall, dans un style Renaissance italienne, le néoclassique Chijmes, le néopalladien Old Parliament House (aujourd'hui Arts House),

e City Hall (National Art Gallery) et ses éléments grecs, colonnes et escalier majestueux… Les témoignages de cette époque sont à voir dans le Colonial District, lieu de naissance du Singapour moderne.

HDB

En 1960, seuls 9 % de la population vivaient dans des appartements. Les autres s'entassaient dans des *shophouses,* des taudis ou des villages. L'hygiène n'était pas au rendez-vous. C'est pour offrir un logement décent aux habitants que fut créé cette année-là le Housing and Development Board (HDB). Et sur une île où la terre est un bien précieux car rare, construire pour les masses signifie construire en hauteur. Très vite, des zones entières furent « nettoyées », des fermes, des taudis et même des cimetières rasés, pour édifier ces logements sociaux. Aujourd'hui, les HDB ont construit près d'un million d'appartements, accueillant 82 % de la population. Parmi eux, 90 % sont propriétaires de leur logement.

City Gallery

Un espace pour les férus d'architecture, qui décortique les grandes étapes de la construction de Singapour. À ne pas rater : une grande maquette de la ville, montrant les bâtiments emblématiques, tout comme les projets à venir.

The URA Centre
45 Maxwell Road
☎ 63 21 83 21
www.ura.gov.sg/gallery
Lun.-sam. 9h-17h
Accès libre.

Erreurs et remords

Dans les années 1960 et 1970, Singapour était obsédé par une idée fixe : sa réussite économique. Au nom de cette modernisation, de nombreux bâtiments historiques, *shophouses* ou témoins de l'ère coloniale (comme le théâtre national) furent rasés. Le retour de bâton ne tarda pas. Les autorités furent vivement critiquées pour leur manque de sensibilité envers ces joyaux du patrimoine. Dans les années 1980, l'État s'engagea dans un travail de rénovation de vieux bâtiments. Quatre zones (Boat Quay, Little India, Kampong Glam et Chinatown) sont aujourd'hui protégées.

L'ère moderne

À l'image de Dubaï, Singapour cherche aujourd'hui à se forger une identité, à faire le buzz à travers des projets architecturaux innovants époustouflants. Derrière, l'envie est pragmatique : attirer les investisseurs et les touristes. Marina Bay et les Gardens by the Bay en sont les deux exemples les plus marquants. Et ce n'est pas fini : les autorités ont prévu de construire sur la mer, au niveau du port Keppel, près du mall VivoCity.

Histoire d'un dragon asiatique

Ils s'appellent sir Thomas Stamford Raffles et Lee Kuan Yew. À eux seuls, ils ont été les architectes de la transformation de la cité-État. D'une île recouverte de jungle, où ne vivait qu'une poignée de pêcheurs, à l'un des quatre dragons asiatiques, au développement économique insolent. Retour sur les grandes étapes de cette métamorphose.

Raffles, le visionnaire

D'abord colonisée par les Portugais au XVIe s. puis par les Néerlandais le siècle suivant, l'île ne souffre guère de ces premiers colons. Mais quand le Britannique sir Thomas Stamford Raffles pose le pied sur l'île, le 29 janvier 1819, il voit tout de suite son immense potentiel : sa situation géographique, à la pointe de la péninsule malaise, en fait un carrefour maritime stratégique. À l'époque, deux frères, fils d'un sultan malais disparu six ans plus tôt, s'y disputent le trône. Raffles va utiliser cette rivalité à son avantage. Il propose un marché à l'aîné, Hussein : de l'argent, contre le droit d'établir un port de commerce. Un traité est aussitôt signé. Raffles a une idée en tête : faire de Singapour un port libre. Il a vu juste : cela lui donne un avantage concurrentiel face aux Néerlandais dans la conquête de la route maritime du détroit de Malacca. L'immigration explose alors, les commerçants arrivent de toute l'Asie, et même du Moyen-Orient ou d'Europe. La population passe de 1 000 à 100 000 habitants en cinquante ans. Raffles, lui, ne reste que quelques semaines sur place. Au moment du départ, il

confie son plan et les « clés » de la maison au commandant britannique William Farquhar.

L'invasion japonaise

Lors de la Seconde Guerre mondiale, les Anglais se croient bien protégés. Ils ont placé

toutes leurs défenses le long des côtes. Grave erreur ! Les forces japonaises, pourtant numériquement très inférieures, décident d'attaquer par l'intérieur des terres. Après une semaine de combats, les Anglais signent une reddition, le 15 février 1942. Churchill, pour qui la chute de Singapour est « la plus grande capitulation de l'histoire militaire britannique », est effondré. C'est le début d'une période sombre. Civils et militaires sont internés dans des camps, ou contraints de travailler sur le chemin de fer entre Bangkok et Rangoun. Du fait de conditions de vie déplorables beaucoup n'y survivent pas. En août 1945, les bombardements d'Hiroshima et de Nagasaki changent la donne. Les Japonais se rendent le 12 septembre, les drapeaux du Royaume-Uni sont à nouveau hissés.

Lee Kuan Yew

Quand il devient le premier Premier ministre de Singapour, il n'a que 36 ans. Singapourien de la quatrième génération, d'origine chinoise, cet avocat a fait ses études à Cambridge. Salué pour son efficacité, il est aussi critiqué pour son autoritarisme : des opposants parfois détenus sans procès, une presse muselée. Il a démissionné en 1990, mais le nonagénaire reste très respecté.

Le temps de l'indépendance

L'échec des Anglais à défendre Singapour et la montée du nationalisme décuplent l'envie des locaux de se libérer de l'emprise britannique. Ils finissent par obtenir gain de cause. Le 3 juin 1959, le Parti d'action populaire (PAP) remporte les premières élections. À sa tête, l'avocat Lee Kuan Yew (voir encadré) devient Premier ministre. Le 16 septembre 1963, l'île-État fusionne avec son voisin malais, pour former la Malaisie. Le mariage montre très vite ses premières failles.

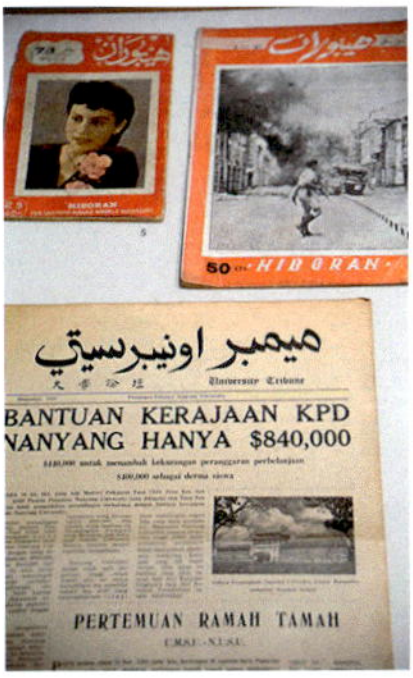

Principal point de discorde : Kuala Lumpur cherche à favoriser les Malais, alors que les Singapouriens, à dominante chinoise, militent pour une « Malaisie malaisienne ». Le 9 août 1965, les larmes aux yeux face à l'ampleur de la tâche qui l'attend, Lee Kuan Yew est contraint de déclarer l'indépendance de Singapour.

Depuis 1965

Zéro ressources naturelles, un espace limité, un fort taux de chômage, pas de cohésion nationale, des tensions avec ses voisins (encore aujourd'hui, vous ne trouverez pas un seul journal malaisien à Singapour)… En 1965, peu

pariaient sur la survie de Singapour. Mais Lee Kuan Yew a un plan : développer l'économie en attirant les investisseurs étrangers, en baissant les impôts par exemple, lutter contre la corruption au sein de la classe politique, refonder le système éducatif (notamment en privilégiant l'anglais par rapport au chinois) pour faire émerger une force de travail éduquée, construire des logements à bas coût… Depuis l'indépendance, l'économie connaît une croissance moyenne de 9 % par an.

Us et coutumes

Psychorigide, l'État singapourien ? Une chose est sûre, l'ordre et la propreté règnent dans ses rues immaculées. Par terre, pas un papier, ni un mégot, ni même un chewing-gum. Et les habitants se plient sans broncher aux interdits définis par les autorités. Une différence de taille avec les pays « latins ». Petit inventaire de ce qu'il faut savoir pour éviter les impairs.

Haro sur le chewing-gum

On raconte que tout ce qui est amusant est interdit à Singapour. Un exemple : le chewing-gum, déclaré *persona non grata* sur l'île. L'importation, la vente et la possession en sont interdites. La simple consommation personnelle est contre la loi. Toutefois, les chewing-gums thérapeutiques sont vendus en pharmacie sur avis médical ! Pourquoi tant de haine ? D'une part, pour éviter les frais de nettoyage des espaces publics. D'autre part, parce qu'il y a quelques années un chewing-gum collé sur la porte d'une rame de métro avait provoqué un ralentissement du trafic. Pragmatiques, les autorités ont préféré bannir une fois pour toutes le coupable. Par conséquent, ceux qui bravent l'interdiction s'exposent à une amende de 500 $.

Au pays des interdits

Dans le métro, ce sont les durians (ces fruits exotiques à l'odeur de camembert) qui sont interdits. Les narines sensibles ne s'en plaignent pas. L'interdiction inclut aussi

la nourriture en général et les boissons (montant de l'amende : 500 $). Dans les rues, la propreté légendaire de Singapour n'est jamais prise en défaut. La dissuasion fonctionne : ceux qui se font attraper en train de jeter un papier ou un mégot de cigarette par terre risquent une amende de 1 000 $. En cas de récidive, la contravention passe à 2 000 $, et le « salisseur » devra nettoyer pendant quelques heures l'espace public, un gilet fluo sur le dos. Traverser en dehors des passages protégés expose également à une amende. Enfin, dans les passages souterrains, les cyclistes doivent descendre de leur vélo. Sinon, ils risquent une contravention de… 1 000 $, pas moins !

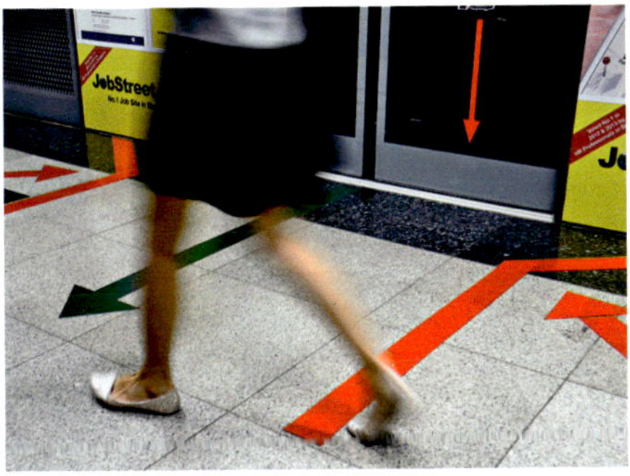

Cigarettes et drogues dures

Aussi sensibilisés que les Français aux effets du tabagisme passif, les Singapouriens ont interdit la cigarette dans tous les lieux publics (bus, taxis, malls…). Il est même interdit d'en griller une devant les entrées des bâtiments et sur les terrasses des restaurants. Et comme les autorités ne font pas les choses à moitié, l'amende s'élève à 1 000 $ dès le premier « dérapage ». Concernant la drogue, c'est la tolérance zéro qui s'applique. Les personnes surprises en possession de plus de 15 g d'héroïne, 30 g de morphine, 30 g de cocaïne, 500 g de cannabis, 200 g de résine de cannabis et 1,2 kg d'opium sont considérées comme des trafiquants, et par conséquent passibles de la peine capitale.
La consommation peut entraîner un maximum de dix ans de prison et/ou une amende de 20 000 $ au plus.

Code de bonne conduite

La politesse est une affaire de culture. Ainsi, un Singapourien ne vous tiendra pas la porte pour vous laisser passer et une femme enceinte ne sera jamais prioritaire aux caisses d'un supermarché. Ce n'est pas de l'impolitesse, les locaux sont juste moins attentifs à ce qui se passe autour d'eux. D'ailleurs, si vous leur demandez un service, ils le feront souvent bien volontiers. De votre côté, respectez les files d'attente. Avant d'entrer dans un appartement, enlevez vos chaussures.
Ne vous énervez jamais, le fait d'élever la voix vous ferait passer pour une personne extrêmement grossière.
Enfin, évitez de parler politique ou, pire, de critiquer Singapour. Les habitants sont très fiers de leur île, qu'ils voient comme un paradis.

En campagne

« Être un meilleur père », « Garder la ville propre », « Améliorer la productivité » ou « Parler le mandarin » : les campagnes visant à changer les comportements des Singapouriens pour leur faire adopter de nouvelles habitudes sont une particularité de l'île. Les autorités y mettent autant d'énergie que pour une campagne électorale. Pendant quelques semaines ou mois, les médias sont inondés de messages publicitaires visant à donner la marche à suivre. Les critiques soulignent que cet État *nanny* nourrit la passivité et la dépendance de la population envers les autorités pour résoudre leurs problèmes.

Restaurants
mode d'emploi

Au menu

Les Singapouriens prennent plus de 80 % de leur repas à l'extérieur ; la nourriture est leur passe-temps favori, au même titre que le shopping ! Pour satisfaire toutes les envies, les innombrables restaurants déclinent un **tour du monde gastronomique** étonnant. Chinoise, indonésienne, indienne, japonaise, mais aussi italienne, espagnole, française… pas une cuisine ne manque à l'appel. Et la concurrence entre ces établissements fait que la qualité est souvent irréprochable. **Voir p. 78-79** pour en savoir plus sur la nourriture singapourienne.

En pratique

Pour s'assurer une place dans un ***food court*** d'un centre commercial (pour ces adresses, l'étage correspondant – symbole # – est indiqué en infos pratiques) ou dans un ***hawker centre,*** vous pouvez laisser un paquet de mouchoirs sur une table avant d'aller chercher votre repas. Peu de restaurants fournissent des serviettes, le paquet de mouchoirs peut donc être doublement utile ! **Bon à savoir :** dans certains établissements, les plats des convives ne sont pas tous servis en même temps car la coutume est de partager.

Combien ça coûte ?

La fourchette de prix est très élastique. On peut se régaler dans un *food court* pour moins de 10 $ ou débourser 450 $ (hors taxes) pour un menu dégustation chez un chef étoilé. Entre les deux, on peut très bien dîner pour 40 $ par personne. La pratique du **pourboire** est peu répandue, le service étant déjà inclus dans l'addition. Les prix affichés ne sont jamais nets, il faut y ajouter 10 % pour le service, plus 7 % de taxe (la GST). Seule exception : pas de supplément dans les *food courts* et *hawker centres*.

SE REPÉRER

Nous avons indiqué pour chaque adresse de Restaurant sa localisation sur le plan général (B2, G8…). Pour un repérage plus facile, nous avons signalé sur le plan par un symbole jaune toutes les adresses de ce chapitre. Le numéro en jaune signale la page où elles sont décrites.

Notre Top des *hawker centres* et des *food courts*

Si vous n'arrivez pas à décider pour quel stand opter, une règle : plus la file d'attente est longue, plus vous avez de chances de vous régaler !

- **Food Republic @ Wisma Atria**
  Orchard Road – *Voir p. 66.*
- **Makansutra Glutton's Bay**
  Marina Bay – *Voir p. 73.*
- **Maxwell Road Hawker Centre**
  Chinatown – *Voir p. 68.*
- **Zion Road Riverside Hawker Centre**
  Hors visite – *Voir p. 76.*
- **Food Opera**
  Orchard Road – *Voir p. 66.*

Notre Top des brunchs

Les locaux maîtrisent à la perfection l'art du brunch. Parmi les innombrables cafés et restaurants qui l'inscrivent à leur carte le week-end, voici notre sélection :

- **Riders Café**
  Hors plan – *Voir p. 77.*
- **PS.Cafe**
  Dempsey Hill
  Voir p. 75.
- **Marmalade Pantry**
  Orchard Road
  Voir p. 67.
- **Halia**
  Dempsey Hill
  Voir p. 75.
- **40 Hands**
  Tiong Bahru
  Voir p. 73.
- **Open Door Policy**
  Tiong Bahru
  Voir p. 73.

Notre Top des spécialités asiatiques

- **Un *kaya toast* pour bien démarrer la journée**
  Killiney Kopitiam (Orchard Road)
  Voir p. 67.
- **Des gambas au curry de mangue**
  Banana Leaf (Little India) – *Voir p. 67.*
- **Un copieux *murtabak***
  Zam Zam (Kampong Glam) – *Voir p. 69.*
- **Des raviolis vapeur à la pâte ultrafine**
  Din Tai Fung (Colonial District)
  Voir p. 71.
- **Un *chilli crab* subtilement épicé**
  Red House (The Quays) – *Voir p. 71.*
- **Un bol de *ramen***
  Ippudo SG (The Quays)
  Voir p. 72.
- **Un *pad thaï* raffiné**
  Jim Thompson (Dempsey Hill)
  Voir p. 75.

Nos restaurants par quartiers

1 - Food Republic@Wisma Atria
2 - Killiney Kopitiam
3 - Food Opera
4 - Iggy's

Orchard Road
Visite 1 – p. 10

Food Opera

Ion Orchard, #B4-03/04
2 Orchard Turn (B2)
M° Orchard
☎ 65 09 91 98
www.ionorchard.com
T. l. j. 10h-22h
Plats de 5 à 12 $.

Un *food court élégant,* avec chandeliers, tables en marbre et sculptures d'animaux. La foule se presse devant les 22 stands et les 4 minirestaurants, et les 700 sièges sont souvent tous occupés. À essayer : le *laksa* (au stand 3rd Generation Laksa), les *fish ball noodles* (au stand Teochew) ou le *nasi lemak* (au stand Padang Padang).

Straits Kitchen

Grand Hyatt
10 Scotts Road (B1)
M° Orchard
☎ 67 32 12 34
T. l. j. 6h30-10h30, 12h-14h30 et 18h30-23h30
Buffet déjeuner 45 $.

Chicken rice, satay ou roti prata... Pas une des spécialités typiques de Singapour ne manque à l'appel. Tout de bois vêtu, dans un esprit contemporain, ce restaurant propose un superbe buffet, très épicé, avec cuisines ouvertes pour voir les chefs en action.

Food Republic@ Wisma Atria

Wisma Atria, level 4
435 Orchard Road (B2)
M° Orchard
☎ 67 37 98 81

http://foodrepublic.com.sg
T. l. j. 10h-22h (23h ven.-sam.)
Plat de 4 à 10 $.

Dans ce *food court,* le stand What do you prata est un must. Parce que les *prata,* ces galettes garnies d'œuf, de fromage, ou nature, sont délicieuses. Et parce que la préparation en elle-même est un spectacle. Il faut voir le chef faire valser la pâte en l'air, la frapper vigoureusement pour, en quelques secondes, en faire une galette ultra-fine.

Killiney Kopitiam

67 Killiney Road (C2)
M° Somerset
☎ 67 34 96 48
www.killiney-kopitiam.com
Lun., mer.-sam. 6h-23h,
mar. et dim. 6h-18h.

Le *kaya,* c'est une confiture à la noix de coco. Et c'est dans cette institution, fondée en 1919, qu'elle est la meilleure : faite maison, au lever du soleil. À déguster sur des toasts beurrés (1 $ le toast), croustillants à l'extérieur, fondants à l'intérieur, avec un *kopi* (café + lait concentré + sucre ; voir encadré p. 81).

Antoinette

Mandarin Gallery, #02-33/34
333A Orchard Road (C2)
M° Orchard ou Somerset
☎ 68 36 95 27
www.antoinette.com.sg
T. l. j. 11h-22h
Pâtisseries de 8,50 à 10 $.

Ce salon de thé rend un joli hommage à la gourmandise de Marie-Antoinette. Dans ce boudoir, les élégantes pourront déguster les classiques de la pâtisserie française : mont-blanc, saint-honoré, religieuse... La carte propose également une belle sélection de macarons, de crêpes, de sablés, de thés et de plats salés.

Iggy's

The Hilton Hotel, level 3
581 Orchard Road (B1)
M° Orchard
☎ 67 32 22 34
www.iggys.com.sg
Lun.-ven. 12h-13h30 et 19h-21h30, sam. 19h-21h30
Menus de 65 à 275 $.

Truffe blanche d'Alba, bœuf Wagyu, foie gras... Les ingrédients d'Europe, d'Asie ou d'Australie retenus par le propriétaire de ce restaurant gastronomique, Ignatus Chan, sont les meilleurs de leur catégorie. Les plats sont renversants, aussi bien au niveau du goût et du jeu des textures que du visuel.

Marmalade Pantry

ION, #03-22
2 Orchard Turn (B2)
M° Orchard
☎ 67 34 27 00
www.themarmaladepantry.com.sg
T. l. j. 10h-22h
Plats de 22 à 38 $.

Après des heures à parcourir les malls d'Orchard, ce bistrot élégant offre une pause bienvenue. Les plats (salade au crabe, wrap poulet-avocat ou spaghettis carbonara) sont de bon aloi, mais on peut venir uniquement pour les cupcakes, divins. Goûtez le Bananarama, banane, noix et caramel, ou le Granny's apple, pomme et cannelle (4,80 $).

Crystal Jade

Paragon, #05-22,
290 Orchard Road (C2)
M° Orchard ou Somerset
☎ 67 34 68 66
www.crystaljade.com
T. l. j. 11h30-15h et 18h-23h
***Dim sum* de 4,50 à 8,50 $.**

Une cuisine chinoise authentique : vous pourrez goûter des *dim sum* (à l'abalone, un mollusque marin, au porc et haricots noirs, ou bien encore à la patate douce), du porridge à l'œuf de cent ans, de l'oreille de cochon, de la langue de canard, ou une omelette aux nids d'hirondelle. Pour ceux qui veulent y aller en douceur, il y a aussi des plats plus faciles d'accès avec du crabe, des crevettes ou du poulet.

Voir aussi ***Les stands de glaces sur Orchard Road*** *(p. 11).*

Little India
Visite 2 – p. 12

Banana Leaf

54 Race Course Road (E1)
M° Little India
☎ 62 93 86 82
T. l. j. 12h-16h30 et 18h30-22h30
Plats de 5 à 15 $.

Ce resto façon cafétéria, avec de longues tables toujours remplies, dégage une ambiance bruyante et joyeuse. Sur des

feuilles de bananiers, les clients dégustent des plats copieux épicés, comme le poulet au masala, les gambas au curry de mangue ou l'agneau mijoté dans la crème de coco.

Muthu's Curry

138 Race Course Road (E1)
M° Little India
☎ 63 92 17 22
www.muthuscurry.com
T. l. j. 10h20-22h30
Plats de 8 à 26 $.

Le voisin de Banana Leaf est plus feutré et contemporain. La cuisine ouverte permet de voir les cuisiniers préparer naans et kebabs. Depuis 1969, la star de la carte, c'est le *fish head curry* (une tête de poisson). Ceux qui n'osent pas pourront se rabattre sur le crabe sri-lankais, les gambas au masala ou les calamars pimentés.

Voir aussi ***Mogul Sweet Shop*** *et* ***Tekka Centre*** *(p. 13).*

Chinatown
Visite 3 – p. 14

Maxwell Road Hawker Centre

1 Kadayanallur Street (D5)
M° Tanjong Pagar
T. l. j. 8h-22h
Plats de 3 à 7 $.

Répartis sur trois allées, une centaine de stands tentent d'appâter le chaland avec leurs spécialités locales. Parmi eux, l'un sort nettement du lot, à en juger par la longueur de sa file d'attente. Il s'agit de Tian Tian Hainanese Chicken Rice. Ce plat est une affaire sérieuse pour les locaux, et il paraît que celui-ci est le meilleur de l'île, avec sa sauce gingembre, soja et piment.

Ding Dong

23 Ann Siang Road (D5)
M° Chinatown
☎ 65 57 01 89
www.dingdong.com.sg
Déjeuner : lun.-ven. 12h-15h
Dîner : lun.-sam. 18h-22h30
Menus de 35 à 71 $.

Le chef Ryan Clift bouscule les ingrédients traditionnels du Sud-Est asiatique. Un filet de sole cuit dans du bambou, du porc fumé dans du foin ou des œufs enrichis de feuilles de laksa, les contrastes de saveurs et de textures sont bluffants.

Blue Ginger

97 Tanjong Pagar Road (D5)
M° Tanjong Pagar
☎ 62 22 39 28
www.theblueginger.com
T. l. j. 12h-14h30 et 18h30-22h30
Plats de 12 à 39 $.

Pour s'initier aux saveurs épicées de la cuisine péranakane, c'est ici et nulle part ailleurs qu'il faut venir dîner. Délicieux, le *beef rendang,* des cubes de bœuf mijotés dans une sauce au lait de coco, gingembre, citronnelle et curry, ou l'*udang ketak,* des langoustines enrobées d'une sauce à l'ananas.

Au mur, une photo géante de Matera, un petit village italien, plante le décor. Vous êtes dans un bar à mozzarellas, livrées directement de la « Botte ». Bufala, affumicata, burrata ou sfoglia, le produit star est associé (divinement !) avec du potiron et de la truffe, du crabe et de l'avocat, des anchois et du pistou… Les desserts XXL (tiramisu ou panna cotta au citron) sont à tomber. La terrasse aussi.

Sabio

5 Duxton Hill (D5)
M° Tanjong Pagar
☎ 66 90 75 62
http://sabio.sg
Lun.-ven. 12h-tard, sam. 18h-tard, dim. 11h30-tard
Tapas de 6 à 24 $.

Le soir, une foule hype converge vers ce bar à tapas de poche. Perchés sur des tabourets au comptoir ou debout sur le trottoir, un verre de sangria à la main, les clients sont occupés à refaire le monde. Calamars à la plancha, croquettes de manchego ou chorizo au vin rouge : on se croirait à Barcelone.

Latteria

40 Duxton Hill (D5)
M° Tanjong Pagar
☎ 68 66 19 88
www.latteriamb.com
Déjeuner : t. l. j. sf sam. 12h-14h30
Dîner : t. l. j. sf dim. 18h-23h
Formule déjeuner 28 $.

Restaurant André

41 Bukit Pasoh Road (C5)
M° Chinatown ou Outram Park
☎ 65 34 88 80
http://restaurantandre.com
Mar.-ven. 12h-14h et 19h-23h, sam.-dim. 19h-23h
Menu déj. 128 $, soir 298 $.

1 - *Banana Leaf (p. 67)*
2 - *Ding Dong*
3 - *Blue Ginger*
4 - *Latteria*

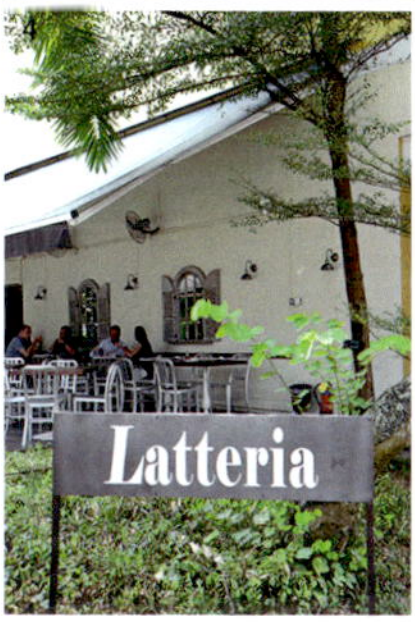

Ce restaurant gastronomique intimiste (30 sièges) décline l'octaphilosophy™ du chef taïwainais André Chiang. Soit un menu en huit plats, chacun construit en fonction d'un élément-clé : Unicité, Pureté, Texture, Mémoire, Sel, Sud, Artisanat et Terroir. Il y a de sublimes produits (caviar, homard, truffe...).

Oso

46 Bukit Pasoh Road (C5)
M° Chinatown ou Outram Park
☎ 63 27 83 78
www.oso.sg
Lun.-ven. 12h-14h30 et 18h30-23h, sam. 18h30-23h
Pâtes de 24 à 34 $.

Nappes blanches, murs taupe, lumières tamisées et cave à fromages... Voilà pour le décor. Dans l'assiette, charcuteries et antipastis vous mettront en appétit, avant d'attaquer les choses sérieuses : gnocchis au gorgonzola, rigatonis au lapin braisé, fettucine au homard ou risotto à la truffe.

Voir aussi ***Chinatown Seafood restaurant*** *(p. 75)* *et* ***Tea Chapter*** *(p. 81).*

Kampong Glam
Visite 4 – p. 16

Zam Zam

697 North Bridge Road (F2)
M° Bugis
☎ 62 98 63 20
T. l. j. 8h-23h
***Murtabak* de 6 à 20 $.**

On ne vient pas dans cette cantine pour son cadre. Tables et chaises en plastique, carrelage blanc aux murs, la déco est inexistante. Pourtant, le lieu est ultra-populaire depuis 1908, grâce à ses *murtabaks,* massives galettes garnies d'œufs, d'oignons et, au choix, de poulet, mouton, bœuf, sardine, et même chevreuil. Savoureux trempé dans une sauce au curry !

Alaturka

16 Bussorah Street (F2)
M° Bugis
☎ 62 94 03 04
T. l. j. 11h-23h
Mezze de 4,50 à 9 $.

Mezze, kebabs et spécialités comme la moussaka vous offrent une escapade très gourmande dans la gastronomie turque. Le service et la déco sont sans chichi, les prix plus que raisonnables.

Altazzag

24 Haji Lane (F2)
M° Bugis
☎ 62 95 50 24
T. l. j. 12h-2h
Plats de 9,90 à 16,90 $.

1 - Jaan
2 - Tom's Palette
3 - Red House
4 - Canelé

Ce restaurant de poche propose des **plats égyptiens,** très gourmands, à partager. Au menu, des mezze, des moussakas, des shawarmas (à l'agneau, au poulet ou au bœuf cuit à la broche pendant des heures), des kebabs... Il faut venir en soirée, quand Haji Lane s'anime, au rythme des fêtards. Le restaurant ne sert pas d'alcool.

Piedra Negra

241 Beach Road (F2)
M° Bugis
☎ 62 91 12 97
www.piedra-negra.com
Lun.-jeu. 12h-minuit, ven. 12h-2h, sam. 17h-2h
Plats de 15,90 à 21,90 $.

Le bleu et le rouge de sa façade attirent l'œil. À l'intérieur, c'est pareil : lampes fabriquées en matériaux recyclés, sculptures d'un torero ou d'un danseur espagnol... Un décor pimenté, à l'image de la cuisine : **chips de tortilla et guacamole, nachos, enchiladas ou fajitas.**

Voir aussi ***Café du Caire*** *et* ***Maison Ikkoku*** *(p. 17).*

Bugis
Visite 5 – p. 18

Artichoke Café Bar

Sculpture Square,
161 Middle Road (E2)
M° Bras Basah
☎ 63 36 69 49
www.artichoke.com.sg
Mar.-jeu. 12h-22h, ven. 12h-minuit, sam. 11h-minuit, dim. 11h-16h
7 $ le mezze, 20 $ les 3.

De grands tableaux en ardoise accrochés au mur indiquent les **mezze** du jour. À la carte, des plats à partager. Dans la salle et sur la terrasse, une musique relaxante, une ambiance comme à la maison. Brunch – très couru – le week-end.

Strictly Pancakes

44A Prinsep Street (D2)
M° Bras Basah ou Dhoby Ghaut
☎ 63 33 42 02
www.strictlypancakes.com.sg
Lun. 18h-22h, mar.-jeu. 11h30-22h, ven. 11h30-minuit, sam. 10h-16h et 18h-minuit, dim. 10h-16h et 18h-22h.
5,50 $ les deux pancakes.

À la carte de ce restaurant, des **pancakes,** rien que des pancakes. Sucrés (bananes caramélisées, *lemon curd,* forêt noire...) ou salés (si, si !), mais toujours accompagnés d'une bonne rasade de sirop d'érable !

Tom's Palette

Shaw Towers, #01-25,
100 Beach Road (F2)
M° Bugis
☎ 62 96 52 39
www.tomspalette.com.sg
Lun.-jeu. 12h-21h30, ven.-sam. 12h-22h, dim. 13h-19h
Petit pot 3,40 $, moyen 4,20 $.

Le mall est décrépit, mais il cache une pépite : ce glacier aux saveurs pour le moins étonnantes telles que potiron-melon, noix de coco-patate douce, ou yuzu. Le plus étonnant, c'est que c'est délicieux, ultra-onctueux. Et fait maison, bien sûr.

Voir aussi ***Lowercase*** *(p. 19).*

Colonial District
Visite 6 – p. 20

Din Tai Fung

Raffles City, #B01-08
252 North Bridge Road (E3)
M° City Hall
☎ 68 36 83 36
www.dintaifung.com.sg
Lun.-sam. 11h-22h, dim. 10h30-22h
10 *dumplings* 9,50-14,30 $.

Si vous apercevez une file d'attente d'une dizaine de mètres, vous êtes au bon endroit. Eh oui, à Singapour, Din Tai Fung est une institution ! À juste titre : on y déguste des *dumplings,* ou raviolis vapeur, absolument exquis. Au porc, aux crevettes, à la truffe ou aux légumes, leur cuisson est impeccable, leur pâte ultra-fine. Servies dans des boîtes en bambou, trempées dans une sauce soja-vinaigre-gingembre, ces bouchées combleront vos papilles.

Flutes

National Museum
93 Stamford Road (D3)
M° Bras Basah
☎ 63 38 87 70
www.flutes.com.sg
Afternoon Tea : ven.-dim. 15h-17h.

Récemment emménagé dans les murs du National Museum, Flutes n'a pas changé sa formule : bonne nourriture, bons vins, excellent service. Un peu cher pour y dîner, on choisit l'option Afternoon Tea (38 $) : essayez les sandwichs au concombre (pour faire comme les *Royals*), les scones ou les gâteaux orange et huile d'olive.

Canelé

Raffles City, #B1-46/47
252 North Bridge Road (E3)
M° City Hall
☎ 63 34 73 77
www.canele.com.sg
T. l. j. 11h-22h
Pâtisseries de 6,50 à 8 $.

Cette pâtisserie a trouvé la bonne équation pour attirer les amateurs de sucré dans ses filets : des gâteaux beaux comme des œuvres d'art et envoûtants pour le palais (le Chocolat croustillant est parfait !), le tout saupoudré d'une collection de macarons haute en couleurs.

Jaan

Swissôtel
2 Stamford Road (E3)
M° City Hall
☎ 91 99 90 08
www.jaan.com.sg
Lun.-sam. 12h-14h, t. l. j. 19h-22h
Menus de 68 à 238 $.

Souvent, quand la vue est spectaculaire, la cuisine l'est moins… Voici l'exception à la règle ! Au 70e étage du Swisshotel, le panorama du Jaan est à couper le souffle, encore plus le soir quand Marina Bay s'illumine. Le reste est à la hauteur : le jeune chef français Julien Royer sublime les produits et concocte des assiettes aussi belles que des œuvres d'art. C'est cher, mais vous vivrez une expérience étourdissante.

Voir aussi ***Raffles*** *(p. 21).*

The Quays
Visite 7 – p. 24

Red House

60 Robertson Quay (C4)
M° Dhoby Ghaut
☎ 67 35 76 66
www.redhouseseafood.com
Lun.-ven. 11h30-23h, sam.-dim. 11h-23h
Menu 68 $.

De larges tablées se réunissent ici pour partager un *chilli crab.* Ce restaurant chinois prépare ce plat sans fausse note depuis 1976, proposant un subtil équilibre entre épices et douceur. Si vous n'êtes pas très crustacés, vous pourrez tenter le canard laqué, découpé devant vous en petites lanières.

Laurent Bernard chocolatier

The Pier at Robertson Quay 80, #01-11
Mohammad Sultan Road (C3)
M° Clarke Quay
☎ 62 35 90 07
www.nibschocolate.net
Lun. 18h-23h, mar.-jeu. 13h-minuit, ven.-sam. 13h-1h, dim. 13h-minuit.

Les créations signées Laurent Bernard sont la haute couture du chocolat ! Notre trio de tête pour une pause cacaotée : le gâteau Pure (10,50 $), concocté avec des fèves vénézuéliennes, sobre et intense, le Trianon, croustillant et onctueux, et le Soufflé, fondant et aérien.

Bar bar Black Sheep

86 Robertson Quay (C4)
M° Clarke Quay
☎ 68 36 92 55
www.bbbs.com.sg
T. l. j. 12h-minuit (2h ven.-sam.)
Plats de 9,50 à 13,50 $.

Ingénieux, ce restaurant-bar décline trois cuisines (thaïe, indienne et occidentale), avec trois chefs différents. Les portions sont copieuses, l'addition légère, et il y a aussi le choix côté boissons. En bord de rivière, la terrasse est très agréable.

Absinthe

72 Boat Quay (D4)
M° Clarke Quay
☎ 62 22 90 68
www.absinthe.sg
Lun.-ven. 12h-14h30, t. l. j. 18h30-23h
Menus de 38 à 98 $.

Pourquoi manger français en vacances ? Parce qu'ici les classiques du répertoire (cuisses de canard confit, bouillabaisse, ravioles de Royan…) sont bien maîtrisés. Parce que les desserts (comme la crème brûlée à la cardamone) sont renversants. Parce que le service est exquis. Et enfin parce que la nuit, la vue sur le Central Business District est poétique.

Enoteca l'Operetta

78 Boat Quay (D4)
M° Clarke Quay
☎ 64 38 24 82
www.enoteca.operetta.sg
Lun.-sam. 12h-14h et 18h-22h, dim. 18h-22h
Pâtes de 18 à 42 $.

La carte 100 % italienne s'étire comme un roman russe, sans jamais être prise en défaut. Les pizzas, risottos (aux calamars à l'encre de seiche, au foie gras, au parmesan...), et bien sûr la *pasta* : tout est bon. Si vous êtes d'humeur aventureuse, testez la spécialité de la maison, les spaghettis aux oursins.

Ippudo SG

UE Square, #01-55/56
207 River Valley Road (C3)
M° Clarke Quay
☎ 68 87 53 15
www.ippudo.com.sg
Lun.-jeu. 11h30-15h et 17h30-23h, ven.-sam. 11h30-15h et 17h30-1h, dim. 11h30-22h
***Ramen* de 15 à 23 $.**

Le cadre, béton noir au sol, poutres rouges, cuisine ouverte, est chaleureux. On apprécie d'autant plus le plat unique : les *ramen.* Un plat « tout en un », servi dans un grand bol : des nouilles, un bouillon, plus quelques ingrédients (porc, œuf, oignons…). Ippudo est réputé pour ses *ramen* aux saveurs parfaitement équilibrées.

Voir aussi ***eM*** *(p. 25).*

Central Business District
Visite 8 – p. 26

Salad Stop

Marina Bay Financial Centre, #B2-77,
8 Marina Boulevard (E5)
M° Bayfront ou Raffles Place
☎ 68 20 01 41
www.saladstop.com.sg
Lun.-ven. 8h-20h30
Salades de 9,80 à 12,80 $.

À l'heure du déjeuner, les employés du quartier se pressent dans cette saladerie. Au menu, des salades et des wraps sains et gourmands. Vous pouvez composer vous-même votre salade, en piochant parmi 60 ingrédients et 20 sauces faites sur place.

Voir aussi ***Lau Pa Sat*** *(p. 27) et* ***The Fullerton Pavilion*** *(p. 79).*

Sentosa
Visite 9 – p. 28

The Cliff

2 Bukit Manis Rd (carte Sentosa)
☎ 63 71 14 25
www.thesentosa.com
Mar.-dim. 18h30-22h
Plats de 28 à 98 $.

Un panorama vertigineux sur la mer de Chine, un intérieur sublime, entre verre, pierre, cascades d'eau et cuisine ouverte, des assiettes aux accents iodés (huîtres, noix de saint-jacques, homard, linguinis aux fruits de mer…), font de Cliff une adresse très romantique.

Voir aussi ***Woobar*** *(p. 29).*

1 - Makansutra Glutton's Bay
2 - Big Mama
3 - Ippudo SG
4 - 40 Hands

Tiong Bahru
Visite 10 – p. 30

Big Mama

2 Kim Tian Road (B4)
M° Tiong Bahru
☎ 62 70 77 04
http://bigmama.sg
Mar.-dim. 11h30-14h
et 17h30-22h
À la carte : environ 25 $.

Un coréen qui mérite le détour. Pour ses spécialités, comme le *dakgalbi*, du poulet sauté dans une sauce pimentée, un régal. Et aussi pour le spectacle : les plats sont préparés minute, devant vous. Dans une poêle brûlante, les mets crépitent, avant d'arriver tout chauds dans votre assiette.

40 Hands

78 Yong Siak Street (B5)
M° Tiong Bahru
☎ 62 25 85 45
www.40handscoffee.com
Mar.-jeu. et dim. 8h-19h,
ven.-sam. 8h-22h
Espresso 3,50 $, cappuccino 5 $.

Un des meilleurs cafés de la ville. Tant pis si la popularité du lieu fait que vous vous sentirez peut-être à l'étroit. Vous vous consolerez avec les cafés bien dosés, aux grains issus du commerce équitable, mais aussi les salades maison, sandwichs gourmets et cookies géants.

Open Door Policy

19 Yong Siak Street (B5)
M° Tiong Bahru
☎ 62 21 93 07
www.odpsingapore.com
Mer.-lun. 12h-15h et 18h-22h
Menus de 47 à 59 $.

Un bistrot moderne-chic, avec murs de briques rouges, chaises en métal, parquet en teck et cuisine ouverte vitrée. Dans l'assiette, des plats réconfortants : canard braisé, joue de bœuf cuite 48h, côtelettes d'agneau, risotto aux crevettes, crumble aux pommes… Brunch le week-end.

Voir aussi ***Tiong Bahru bakery by Gontran Cherrier*** *(p. 31).*

Marina Bay
Visite 11 – p. 32

Makansutra Glutton's Bay

Esplanade #01-15
8 Raffles Avenue (E4)
M° Esplanade
☎ 64 38 40 38
www.makansutra.com
Lun.-jeu. 17h-2h, ven.-sam. 17h-3h, dim. 16h-1h
Plats de 4 à 12 $.

KF Seetoh, critique culinaire singapourien reconnu, sélectionnait en 2005 une douzaine de chefs et les regroupait dans

1 - Halia
2 - Tom's Palette (p.71)
3 - No Signboard Seafood

ce *hawker centre.* Bien lui en a pris ! Pour les novices, c'est une bonne introduction à la cuisine locale, avec de nombreux « must try » : *chilli crab, chicken rice, char kway teow, fried carrot cake* ou *pad thai.*

No Signboard Seafood

Esplanade, #01-14/16
8 Raffles Avenue (E4)
M° Esplanade
☎ 63 36 99 59
www.nosignboardseafood.com
T. l. j. 11h-23h
À la carte : environ 50 $.

Ce qui a commencé en 1981 par un simple stand dans le *hawker centre* de Matar Road est aujourd'hui devenu une chaîne de cinq restaurants. La clé du succès : des poissons et crustacés très bien préparés. Parmi les spécialités, vous dégusterez le *white pepper crab* ou les langoustines enrobées d'une fine couche de céréales, succulentes.

DB Bistro Moderne

The Shoppes at Marina Bay Sands, #B1-48
2 Bayfront Avenue (F4-5)
M° Bayfront
☎ 66 88 85 25
www.dbbistro.com
Lun.-ven. 12h-17h, dim.-lun. 17h30-22h, mar.-sam. 17h30-23h
Burgers de 23 à 27 $.

Le chef Daniel Boulud décline des classiques français et américains. Des burgers tout en hauteur côtoient coq au vin, croque-monsieur (LA bonne surprise !), soupe à l'oignon et escargots persillade. Le plus : la collection de 400 flacons, dont 25 vins proposés au verre.

Shiraishi

Milenia, #03-01/02
The Ritz Carlton
7 Raffles Avenue (F4)
M° Esplanade
☎ 63 38 37 88
www.shiraishi.sg
T. l. j. 12h-14h30 et 18h-22h30
Menus de 30 à 120 $ (déj.), de 130 à 200 $ (dîner).

La décoration est sobre. La cuisine, idem. C'est le produit qui prime. Assis au comptoir, vous verrez les chefs découper avec dextérité du poisson directement importé de Tsukiji (Tokyo), le plus grand marché de poissons du monde. Sushis, sashimis, chirachi et autres mets japonais sont d'une grande finesse, les prix sont à la hauteur…

Cut

The Shoppes at Marina Bay Sands, #B1-71
10 Bayfront Avenue (F4-5)
M° Bayfront
☎ 66 88 85 17
www.wolfangpuck.com
Dim.-jeu. 18h-22h (23h ven.-sam.)
À la carte : environ 150 $.

Les matériaux (chêne, bronze, cuir) insufflent une atmosphère chaleureuse. Mais ce *steakhouse,* le meilleur de la ville, compte avant tout sur ses stars, tendres et juteuses, pour attirer les clients (bœuf Wagyu australien ou bœuf de Kobe).

The Moluccas Room

The Shoppes at Marina Bay Sands, #01-81
2 Bayfront Avenue (F4-5)
M° Bayfront
☎ 66 88 73 67
www.themoluccasroom.com
T. l. j. 11h30-15h, 18h-22h30
Buffet : 35 $ déj., 45 $ dîner.

Moluccas est une province indonésienne qui produit de nombreuses épices, comme la noix de muscade. Et d'épices, il en est question dans la cuisine servie ici. Les plats aux noms exotiques *(ayan pariki, tahu gagape…)* secouent les papilles.

TWG

The Shoppes at Marina Bay Sands, #B2-89/89A
2 Bayfront Avenue (F4-5)
M° Bayfront
☎ 65 35 18 37
T. l. j. 10h-22h30 (minuit ven.-sam.)
Formules Tea Time de 19 à 39 $.

Quelques notes d'opéra s'élèvent. Un serveur dépose devant vous de la porcelaine de Chine et, d'une théière dorée, fait couler le liquide brûlant. Un des 800 thés à la carte, autant de grands crus sélectionnés dans tous les pays producteurs. À combiner avec une pâtisserie ou un macaron infusé au thé.

Voir aussi ***Singapore Flyer*** *(p. 33).*

Geylang
Visite 12 – p. 34

Voir ***Wen Dao Shi*** *(p. 35).*

Katong
Visite 13 – p. 36

Voir ***Chin Mee Chin Confectionery*** *(p. 37).*

Dempsey Hill
Visite 14 – p. 38

Jim Thompson

45 Minden Road (HP par A1)
M° Queenstown
☎ 64 75 60 88
www.jimthompson.com
Lun.-sam. 12h-15h et 18h-minuit (jusqu'à 23h le dim.)
Plats autour de 25 $.

Quatre-vingts plats thaï délicieusement parfumés, une magnifique terrasse en bois éclairée à la bougie, un intérieur étourdissant (plafonds vertigineux, colonnes massives, meubles sculptés, objets d'artisanat et profusion d'étoffes soyeuses), des serveuses très souriantes… Si l'esthète Jim Thompson (il relança le marché de la soie en Thaïlande dans les années 1950 avant de disparaître mystérieusement) voyait cela, nul doute qu'il serait épaté.

PS.Cafe

28B Harding Road (HP par A1)
M° Queenstown
☎ 90 70 87 62
www.pscafe.com
Brunch sam.-dim. 9h30-18h30
Salades de 18 à 24 $, burgers de 23 à 28 $.

Si vous débarquez à l'improviste un dimanche matin, vous devrez sans doute patienter au moins 30 min avant d'avoir une table. Surtout, ne rebroussez pas chemin ! La carte du brunch est basique, mais les gâteaux maison format XXL sont ultra-gourmands, l'atmosphère très chaleureuse, et le cadre campagnard, rafraîchissant. Sur la terrasse, le temps suspend son vol.

Halia

Singapore Botanic Gardens Ginger Garden
1 Cluny Road (HP par A1)
M° Botanic Gardens
☎ 64 76 67 11
www.halia.com.sg
Déjeuner : lun.-ven. 12h-14h
Dîner : t. l. j. 18h30-21h30 (22h ven-sam.)
Brunch : sam.-dim. et j. f. 10h-16h
Plats de 14 à 28 $.

En malais, *halia* signifie « gingembre ». Logique, puisque ce restaurant élégant est situé au cœur du jardin aux Gingembres (et ses 250 variétés !) dans le Jardin botanique. Le week-end, le brunch est un must. Salades, omelettes, viandes et poissons sont à déguster sur la terrasse, noyée dans la végétation.

The White Rabbit

39C Harding Road (HP par A1)
M° Queenstown
☎ 64 73 99 65
www.thewhiterabbit.com.sg
Mar.-ven. 12h-14h30,
mar.-dim. 18h30-22h30
Menus de 32 à 98 $.

Entre la cuisine de ce restaurant et son cadre, le match est serré. Côté assiette, des plats français qui décrochent bien plus que la moyenne, avec une mention très bien pour les desserts (les crêpes suzette flambées devant vous sont excellentes !). Côté mise en scène, une chapelle rénovée majestueuse. Verdict : foncez-y pour un dîner en amoureux.

Carnivore

22 Dempsey Road (HP par A1)
M° Farrer Road
☎ 64 75 91 60
www.carnivore.com.sg
T. l. j. 18h-23h
Buffet : 49 $ (adulte), 20 $ (enfant).

Ce restaurant ne sert que de la viande à la mode brésilienne : des serveurs défilent à votre table, d'énormes brochettes en main, et tranchent des morceaux de bœuf, porc, poulet, agneau ou poisson dans votre assiette. Quand vous voulez faire une pause, vous déposez un disque rouge devant vous.

Culina

Block 8, Dempsey Road, #01-13
(HP par A1)
M° Queenstown
☎ 64 74 73 38
www.culina.com.sg
T. l. j. 11h-22h30
À la carte : env. 40 $.

Un resto de viande pas comme les autres, car ici, on choisit son morceau en vitrine comme chez le boucher. Les fournisseurs sont exclusivement australiens, garantissant une viande incroyablement fondante.

Voir aussi ***Jones the Grocer*** *(p. 39).*

Alexandra Road
Visite 15 – p. 40

Jamie's Italian

Vivocity, #01-165/167
1 Harbour Front Walk (HP par C5)
M° Harbour Front
☎ 67 33 55 00
Dim.-jeu. 12h-22h (23h ven.-sam.)
Pâtes de 13 à 30 $.

Le bouillonnant chef *british* Jamie Oliver le martèle à longueur d'interviews : il aurait rêvé d'être italien ! Une chose est sûre, il maîtrise aussi bien que les Transalpins les codes de la *pasta.* Fusilli au thon, pappardelle à la saucisse, taglionis aux coquillages… tout est *delizioso !* Côté desserts, le tiramisu orange et chocolat est divin.

Tamarind Hill

30 Labrador Villa Rd (HP par C5)
M° Labrador Park
☎ 62 78 63 64
www.tamarindrestaurants.com
T. l. j. 12h-14h et 18h30-22h30
Currys de 15 à 17 $,
nouilles et riz de 16 à 18 $.

Au sommet d'une colline, niché dans la verdure, ce superbe bâtiment colonial, vêtu de noir et de blanc, se prête bien aux dîners romantiques. Parquet, nappes blanches, beaux verres, bouddhas immenses, voilà pour le décor. Dans l'assiette, une cuisine thaïe contemporaine savoureuse.

Voir aussi ***Faber Bistro*** *(p. 41).*

Hors visite

Wild Rocket

Hangout Hotel
10A Upper Wilkie Road (D2)
M° Dhoby Ghaut
☎ 63 39 94 48
www.wildrocket.com.sg
Mar.-sam. 12h-15h et 18h30-23h,
dim. 11h30-15h et 18h30-22h30
Menus de 66 à 95 $.

Derrière ses fourneaux, le chef Willin Low dépoussière les classiques singapouriens. La déco lumineuse permet de se concentrer sur des assiettes à la présentation sans rature.

Zion Road Riverside Hawker Centre

70 Zion Road (B3)
M° Orchard
T. l. j. 8h-22h
Plats de 3 à 7 $.

Fréquenté en majorité par des Singapouriens, ce *hawker centre* brille par son authenticité. Le premier stand sur votre droite en entrant est plébiscité pour ses *char kway teow*, des nouilles de riz sautées au wok. Ne manquez pas le stand n° 27, tenu par un malentendant qui prépare de croustillants *fried carrot cake,* des galettes à base de farine de riz.

Spize

409 River Valley Road (B3)
M° Orchard
☎ 67 34 91 94
www.spize.sg
Dim.-jeu 18h-6h (7h ven.-sam.)
Plats à partir de 5 $.

La carte est presque aussi longue qu'un Bottin, mêlant les cuisines indienne, singapourienne, thaïe et même américaine. Et pourtant c'est bon. Et souvent très, très épicé. N'hésitez pas à demander au serveur d'avoir la main légère sur le piment ! On mange dans la rue, sur des tables sans prétention. Mais c'est toujours plein, ouvert toute la nuit, et si les plats sont copieux, l'addition reste très légère.

1 - Tamarind Hill
2 - 2am Dessert Bar
3 - Tamarind Hill
3 - Loysel's Toy

Loysel's Toy

66 Kampong Bugis, #01-02 (F1)
M° Lavender
☎ 94 51 02 36
Mar.-ven. 9h-18h,
sam.-dim. 9h-19h30
Espresso 3,50 $, capuccino 4,50 $.

Connu pour servir un des meilleurs cafés de la ville, Loysel's Toy prépare aussi omelettes et salades. Côté sucré, de gros gâteaux, au thé vert et à la noisette, à la fraise et à la rhubarbe, ou au beurre de cacahuète et au chocolat, de quoi accompagner votre petit noir.

Hors plan détachable (carte Île de Singapour au verso du plan)

Jumbo Seafood

Block 1206, East Coast Parkway
#01-07/08 (HP par F1)
M° Bedok
☎ 64 42 34 35
www.jumboseafood.com.sg
Lun.-sam. 17h-23h45,
dim. 12h-minuit
À la carte : env. 30 $.

Les années passent, mais l'immense terrasse de Jumbo

Seafood ne désemplit pas. La spécialité maison, ce sont les crabes, version XXL. Au *chilli* (piment) ou au poivre noir, une chose est sûre, ils secouent les papilles ! Un conseil si vous êtes maladroit : demandez un tablier pour vous protéger...

2am Dessert Bar

21a Lorong Liput (HP par A1)
M° Holland Village
☎ 62 91 97 27
www.2amdessertbar.com
Lun.-sam. 18h-2h
Desserts de 15 à 18 $.

Un bar à desserts moderne-chic, en noir et blanc, qui répond aux envies tardives de sucré. Janice Wong, la chef pâtissière, concocte des douceurs aussi élégantes que des œuvres d'art. Belles, bonnes, et surtout surprenantes. Les associations d'ingrédients sont insolites (patate douce et lavande, basilic et chocolat blanc, ou pêche, romarin et huile d'olive), tout comme les contrastes de textures.

Riders Café

51 Fairways Drive (HP par B1)
M° Farrer Road
☎ 64 66 98 19
www.riderscafe.sg
Dim.-jeu. 8h-21h,
ven.-sam. 8h-22h.
Brunch sam.-dim. 8h-15h
Plats (brunch) de 8 à 18 $
Réservation conseillée.

Ce brunch est si populaire qu'il se joue à guichets fermés ! Dans une maison au cœur de la verdure, tout de blanc et de noir vêtue, la carte est variée (viennoiseries, omelettes, burger au brie, cheesecake au caramel salé...) et réconfortante. L'endroit est bruyant mais la vue sur le club hippique, au pied du restaurant, compense ce léger défaut.

La nourriture, passe-temps national

Il y a des villes qui ne dorment jamais. Singapour, elle, n'arrête jamais de manger. Toutes les cuisines du monde sont représentées, du *churrascaya* brésilien au *chicken rice* singapourien, en passant par les currys indiens ou le *laksa* péranakan. Quarante mille restaurants quadrillent ce territoire exigu. Et cette concurrence mène à une qualité remarquable.

Saveurs asiatiques

Le multiculturalisme de Singapour lui assure un vertigineux répertoire culinaire. Quatre cuisines sont incontournables : chinoise, malaise, indienne et péranakane. Les Chinois ont apporté des spécialités de toutes leurs régions : canard laqué *made in* Pékin, *dim sum* de la région cantonaise... De leur côté, les Malais proposent une cuisine épicée, adoucie par l'usage abondant de riz. Côté indien, il y a le choix entre le Sud (plats végétariens, currys épicés) et le Nord (currys plus doux, tandooris et naans). Enfin, la cuisine péranakane mixe des ingrédients chinois et des épices malaises. Cela donne des plats comme l'*otak-otak*, du poisson cuit dans du lait de coco, pâte de piment, galanga, servi dans des feuilles de bananiers.

La ruée des chefs

Guy Savoy, Joël Robuchon, Mario Batali, Wolfgang Puck, Tetsuya Wakuda... Stars dans leur pays, ces chefs se sont envolés vers Singapour pour y vivre de nouvelles aventures. Dans leur sillage ont suivi des cuisiniers pleins de créativité. La gastronomie s'affirme comme

n des moteurs du tourisme e la cité du lion, notamment vec des événements tels que e World Gourmet Summit (en nars-avril) et le Singapore Food estival (en juillet). Que vous éviez d'un plat de *pasta,* d'un oie gras aux figues ou de sushis t sashimis, vous trouverez orcément votre bonheur.

es spécialités

e plat national, c'est le *chilli rab.* Le crustacé, format XXL, st trempé dans une sauce iquante, concoctée à partir de omates et de piments. L'autre lat national, c'est le *chicken ice.* Poulet + riz, cela ne semble

as très sexy. Pourtant, à la égustation, ça fonctionne : es grains de riz sont élicieusement infusés d'une auce au soja, gingembre et piment. Quant à la viande, elle est d'un moelleux divin. Autre spécialité, le *laksa* péranakan, un bouillon au curry avec des nouilles, boulettes de poisson, crevettes, plutôt très épicé. Et le *fish head curry* indien, tout aussi épicé. Quant au malais *nasi lemak,* vous verrez de nombreux locaux le déguster au petit déjeuner. Pourtant, il s'agit de riz cuisiné dans une sauce au lait de coco.

Les tendances

Ici, la nourriture est un des principaux sujets de conversation. On s'échange des

informations sur où trouver le meilleur *chicken rice* de l'île, etc. Et les tendances changent vite. Si vous êtes en manque de tapas, optez pour le **Catalunya** : dans un superbe pavillon vitré posé sur l'eau, ce restaurant propose des bouchées savoureuses, avec une mention spéciale pour le service, attentif et très sympathique (**The Fullerton Pavilion** – 82 Collyer Quay (E4) – ☎ 65 34 08 86, www.catalunya.sg).

De la street food aux *hawker centres*

Les *hawker centres,* ce sont de grandes cafétérias en plein air, avec des dizaines de stands servant une grande variété de cuisines asiatiques. Le *food court* est la version plus sophistiquée à l'intérieur d'un mall. Dans les deux cas, l'addition est très légère, les plats absolument savoureux, et l'expérience immanquable. À l'origine, il y avait ces immigrants qui dormaient dans des dortoirs et n'avaient pas de place pour cuisiner. Leur seule solution pour se sustenter était cette nourriture vendue à bas prix dans la rue, prête à consommer. Les autorités singapouriennes, obsédées par l'hygiène, ont dès les années 1960 mis fin aux marchands de rue ambulants, mais les a « recasés » dans des *hawker centres.* Les chefs continuent d'y préparer – sur un wok brûlant – des plats simples mais gourmands, pour une poignée de dollars. C'est là que vous pourrez trouver les meilleurs plats et goûter à toutes les spécialités asiatiques.

Bon à savoir

La quasi totalité des restaurants, *hawker centres* et *food courts* proposent le « take away », soit tous les plats de la carte à emporter. Attention, *hawker centres* et *food courts* n'acceptent que des espèces !

It's tea *time*

Londres a sa bière, Paris son vin rouge, Milan son espresso. Singapour, elle, a ses thés. Earl grey ou oolong, vert ou noir, floral ou puissant, le choix est infini, et ces breuvages sont souvent traités comme de grands crus. Dans une *shophouse* traditionnelle, un palace feutré ou un *hawker centre,* cette route des thés réserve de belles surprises.

Boisson nationale officieuse

Les Malais, à l'origine de cette tradition, en sont aussi fiers que les Italiens de leur espresso. C'est dire si le *teh tarik* est une institution. Signifiant « thé tiré », il s'agit d'un mélange thé noir + lait concentré + sucre, transvasé d'une tasse à l'autre, avec dextérité. Les artistes du *teh tarik* n'en perdent jamais une goutte ! L'opération, répétée plusieurs fois, est arrêtée quand les ingrédients sont bien mélangés, que le breuvage est à la juste température, et qu'une légère couche de mousse s'est formée à la surface. Vous le trouverez dans tous les *food courts* et *hawker centres,* servi dans les stands malais et indiens.

Afternoon High Tea

Héritage britannique oblige, les Singapouriens sont attachés à leur pause thé de l'après-midi. Les grands hôtels l'ont bien compris. Les ingrédients sont les mêmes de l'un à l'autre : une ambiance feutrée, des scones, macarons et autres douceurs servis sur de jolis présentoirs à étages, des fauteuils larges et

ıoelleux invitant à la paresse, n personnel attentionné. t, bien évidemment, un ırge choix de thés. Voici trois ropositions élégantes : **Rose 'eranda,** au Shangri-La (22 ·range Grove Road, A1 – ☎ 62 13 44 86 – www. hangri-la.com – Sam-dim. 1h30-14h30 et 15h-8h – 36 $) ; L'**Espresso,** au oodwood Park Hotel (22 Scotts oad – ☎ 67 30 17 43 – www. uodwoodparkhotel.com, 1 – Lun.-jeu. 14h-17h30 – 5 $) ; **Chihuly Lounge,** au itz-Carlton Millenia (7 Raffles venue, F3-4 – ☎ 64 34 52 8 –www.ritzcarlton.com – . l. j. 14h30-17h –39 $ en emaine, 48 $ le week-end).

₹efuges zen

rès de 80 mélanges (lychee, 'aise, lavande, prune salée..., 0 $ le sachet), une superbe ɔllection de théières et tasses n porcelaine à acheter : niché ans une *shophouse,* **Tea Bone en Mind** (98 Emerald Hill Road, 2 – ☎ 63 34 42 12 – www. eabonezenmind.blogspot. om – Lun.-sam. 11h-19h) rchestre des séances de égustation. Vous y apprendrez ar exemple qu'avant de faire ıfuser votre sachet, mieux aut le rincer rapidement à eau froide, pour en ôter toutes es impuretés et exalter son goût. Des notes jazzy en fond sonore, les explications presque chuchotées de la maîtresse des lieux, et l'excellence des grands crus sélectionnés en font une expérience aussi délicieuse qu'apaisante. Autre adresse incontournable, **Tea Chapter,** la plus grande maison de thé chinoise de Singapour (9-11 Neil Road, D5 – ☎ 62 26 11 75 – www.teachapter.com – T .l .j. 10h-30-22h30). La reine Elizabeth elle-même s'y était arrêtée en 1989. En dehors de leurs thés, servis en feuilles et non en sachets (une hérésie pour les puristes), leurs services en terre et porcelaine sont sublimes (100-200 $).

Le come-back du café

L'origine des grains ou les siphons à café n'ont plus de secret pour les baristas. Quelques quartiers trendy, parmi lesquels Tiong Bahru et Kampong Glam, sont aux premières loges d'un phénomène : le retour des cafés « maison ». Chefs de file de la tendance, Maison Ikkoku (voir p. 17) et 40 Hands (voir p. 73). Leurs points commun : proposer espressos, macchiatos, cappucinos et autres ristrettos réalisés avec des grains issus du commerce équitable. Leur succès a contribué à braquer les projecteurs sur leurs baristas. En dehors des arômes du café qu'ils concoctent, vous pourrez les juger sur les dessins qu'ils tracent dans la mousse du lait.

Kopi o ?

Pour vous aider à vous repérer, voici les principaux breuvages servis dans les *kopitiam* (cafés) et *hawker centres :*

Kopi o kosong : café noir, fort.
Kopi : café avec lait et sucre.
Kopi o : café avec sucre.
Kopi o peng : café glacé sucré.
Kopi c : café et lait concentré.
Teh : thé avec lait et sucre.
Teh o : thé avec sucre.
Teh o peng : thé glacé sucré.
Teh halia : teh tarik avec une touche de gingembre.

Shopping mode d'emploi

Horaires d'ouverture et soldes

Dans les malls, les boutiques ouvrent généralement tous les jours (même les jours fériés) de 10h à 22h, et, dans les centres commerciaux d'Orchard Road et de The Shoppes at Marina Bay Sands, elles restent même ouvertes jusqu'à 23h-minu les vendredis et samedis. Pour ces adresses, le centre commercial et l'étage correspondant (symbole #) sont indiqués en infos pratiques. **Les boutiques de créateurs,** à Chinatown ou sur Haji Lane par exemple, ferment autour de 20h. **Les magasins d'alimentation** sont ouverts tous les jours de 10h à 22h. Certains, comme le Mustafa Centre, ne ferment jamais leurs portes. Il n'y a quasiment pas de **jours de fermeture** dans l'année, sauf lors du Nouvel An chinois. **Les soldes** (*Great Singapore sale*) ont lieu en juin-juillet. Les rabais y sont intéressants, jusqu'à 70 %.

Prix et règlement des achats

Les prix sont fixes presque partout, excepté sur les marchés et au centre commercial de Sim Lim Square. Dans ce cas, vous pourrez marchander, mais toujours avec courtoisie. **Côté bonnes affaires,** Singapour est moins intéressante que d'autres villes du Sud-Est asiatique comme Bangkok. Mais côté choix, la ville est imbattable. **Les cartes bancaires** internationales sont acceptées dans l'immense majorité des magasins. Certains acceptent les chèques de voyage en euros, mais vous paierez une commission sur le change.

Passages souterrains

Sur Orchard Road, les malls sont si bien reliés entre eux, via des **tunnels souterrains,** que vous pouvez ne pas voir la lumière du jour… et être bien protégé en cas d'orage (ce qui arrive 186 jours par an) !

SE REPÉRER

Nous avons indiqué pour chaque adresse Shopping sa localisation sur le plan général (B2, G8…). Pour un repérage plus facile en préparant votre week-end ou lors de vos balades, nous avons signalé sur le plan par un symbole rouge toutes les adresses de ce chapitre. Le numéro en rouge signale la page où elles sont décrites.

Notre top des quartiers où shopper

- **Chic**
  Marina Bay – *Voir p. 32.*
- **Classique**
  Orchard Road – *Voir p. 10.*
- **Populaire**
  Chinatown et Little India
  Voir p. 12 et 14.
- **Créatif**
  Kampong Glam – *Voir p. 16.*

- **Trendy**
  Tiong Bahru – *Voir p. 30.*
- **Vintage**
  Tanglin Road – *Voir p. 102-103.*

Nos coups de cœur shopping

- **Robes**
  Nana & Bird – *Voir p. 85.*
- **Mode homme**
  Swagger – *Voir p. 89.*
- **Chaussures**
  Charles & Keith – *Voir p. 91.*
- **Déco japonaise**
  Atomi – *Voir p. 93.*
- **Électronique**
  Sim Lim Square – *Voir p. 94.*
- **Enfants**
  The Better Toy – *Voir p. 96.*
- **Marchés**
  Tekka Market – *Voir p. 98.*

- **Antiquités**
  Emperor Antique House
  Voir p. 102.
- **Cadeaux**
  The Wright Gift – *Voir p. 106.*
- **Gourmandises**
  Tong Heng Confectionery
  Voir p. 100.

Notre top du shopping « local »

- **Robes chinoises**
  Tong Tong – *Voir p. 86.*
- **Déco asiatique**
  House of Zhen – *Voir p. 93.*
- **Épices indiennes**
  Thandapani Co. – *Voir p. 100.*
- **Bouddhas**
  Naga Arts & Antiques – *Voir p. 103.*
- **Vases ming**
  The Antique Room – *Voir p. 103.*

- **Batiks**
  Toko Aljunied – *Voir p. 85.*

Ladies & girls

Le shopping est le passe-temps préféré des Singapourien(ne)s. Les malls, ces centres commerciaux géants, sont à chaque coin de rue. La concentration en magasins au mètre carré est vertigineuse, sans doute la plus importante d'Asie, ex-aequo avec Hong Kong. À côté des marques que l'on retrouve dans toutes les capitales, des créateurs locaux – moins connus mais plus pointus – ont réussi à trouver leur place.

Lowrys Farm

Bugis +, #02-02/05
201 Victoria Street (E2)
M° Bugis
☎ 68 84 50 19
T. l. j. 10h-20h.

La marque nippone fait souffler un vent de fraîcheur sur Bugis +. Robes à gros pois, jupes à froufrous (49,90 $), chemisiers en dentelle, tee-shirts à rayures, pantalons à pois et couleurs éclatantes, voici la garde-robe rêvée des jeunes filles en fleurs.

I.t

Wisma Atria, #03-15
435 Orchard Road (B2)
M° Orchard
☎ 67 32 08 73
www.itlabels.com.sg
T. l. j. 10h30-22h.

Le gang hongkongais de marques pointues vient d'installer une antenne à Singapour. Mysty woman, a+ab, Fingercroxx… Au total, neuf labels sous le même toit. On pioche dans le vestiaire girl de Mysty woman, les classique revisités de Izzue et les chaussures excentriques de Tout à coup.

Hansel

Mandarin Gallery, #02-14
333A Orchard Road (C2)
M° Orchard
☎ 68 36 53 67
www.ilovehansel.com
T. l. j. 11h-21h.

La styliste singapourienne Jo Soh a donné à sa marque le no

de son jack russel ! Un esprit joueur que l'on retrouve dans ses robes, minimalistes, girly, aux motifs rétros. Bon plan : au fond du magasin, un portant rassemble toutes les robes ayant un défaut mineur. La ristourne, elle, est majeure (autour de 25 $ la robe).

Soon Lee

73 Haji Lane (F2)
M° Bugis
http://ishopsoonlee.blogspot.sg
T. l. j. 12h-21h (dim. 13h-20h).

C'est une boutique qui met de bonne humeur. On y trouve des robes (dès 34,90 $), jupes ou blouses aux couleurs vitaminées, rose, orange, vert pomme ou jaune. Et plein de choses à picorer : les montres fruitées de May 28th, les bijoux-fleurs d'Ashlyne's, des sacs et une petite collection de livres avec du style, des journaux fashion aux classiques de la littérature.

Toko Aljunied

95 Arab Street (F2)
☎ 62 94 68 97
M° Bugis
T. l. j. 11h-19h.

Plus exotique que H&M, Zara et consorts, Toko est le spécialiste des batiks. Des étoffes imprimées main en Indonésie, selon un savoir-faire vieux de plus de 1 000 ans.

Sur les étagères, les globe-trotteuses se régaleront devant ces jupes longues et ces tops très colorés (dès 90 $), brodés d'une mosaïque de tissus étourdissante. Les petits budgets se consoleront avec des étoffes en pashmina (autour de 10 $).

Nana & Bird

59 Eng Hoon Street (B4)
M° Tiong Bahru
☎ 91 17 04 30
www.nanaandbird.com
Mar.-ven. 12h-20h, sam.-dim. 11h-20h.

Parmi les trouvailles des deux copines, Georgina Koh et Tan Chiew Ling, les robes Aijek (240 $ env.), chic, punk, rétros ou péplum, mais toujours modernes et féminines.
À voir aussi : les basiques en bambou, ultra-doux, d'Ide Cosset, les bijoux en bois sculpturaux d'Helveta Vyotlag, et ceux d'Emma Ware, en caoutchouc et métal.

Les stylistes singapouriens

Les stylistes singapouriens ont du talent. Voici quelques-uns des membres du club. À chacun sa spécialité !

- **Pour une robe du soir très glamour (90-130 $) :**

Daniel Yam
Marina Square, #02-333 – 6 Raffles Boulevard (E4)
M° Esplanade
☎ 63 36 22 38 – www.danielyam.com
T. l. j. 12h-21h.

- **Pour des tops, jupes (99-189 $) et pantalons (149-189 $) aux formes asymétriques :**

Nic Wong / Saturday
Wheelock Place, #B2-04 – 501 Orchard Road (B2)
M° Orchard
☎ 68 87 38 60 – www.iwearsaturday.com
T. l. j. 10h-22h.

- **Pour une veste tout sauf classique :**

Afton Chen / The Reckless Shop
Orchard Central, #02-08/09, 181 Orchard Road (C2)
M° Orchard ou Somerset
☎ 63 38 82 46 – www.recklessericka.com
T. l. j. 11h-21h30.

Mu

Bugis Junction, #01-48/49
200 Victoria Street (E2)
M° Bugis
☎ 63 37 75 05
www.mu-apparel.com
T. l. j. 11h-22h.

Des vêtements aux teintes dépouillées. Dans l'ensemble, c'est le monochrome qui dicte sa loi. La sobriété s'arrête là. Car, au niveau des coupes, il n'y a que du déstructuré. Les robes (85 $), les tops (64 $), jupes ou pantalons ne sont jamais coupés droits. Cela reste portable, même pour aller travailler, mais insufflera un grain de folie dans un dressing trop classique.

Tong Tong

Shaw Towers, #01-04/05
100 Beach Road (E3)
M° Bugis
☎ 63 96 38 87
www.tongtong.sg
Lun.-sam. 12h-20h, dim. 12h-17h.

Un minitunnel rose puis un arbre magique accueillent les visiteurs au seuil de cette boutique. Une entrée en matière audacieuse, à l'image des modèles présentés. Presque que des robes chinoises (autour de 300 $)… revisitées par la talentueuse Tan Sheau Yun. Si le col mandarin est bien là, le reste est totalement décalé. La styliste y ajoute des motifs batik, des couleurs éclatantes, des matières soyeuses… Le résultat est frais, moderne, enthousiasmant.

Sans & Sans

Orchard Central, #02-04/05
181 Orchard Road (C2)
M° Orchard ou Somerset
☎ 65 09 12 89
www.sans-sans.com.sg
T. l. j. 11h-21h30.

Cette jeune griffe parie sur l'élégance, la sensualité, le romantisme. Dans ce vestiaire, pas un basique ne manque à l'appel. Mais tous ont un petit détail en plus. Des manches plissées sur une veste de tailleur, de légers froufrous sur une robe (autour de 99 $), de la dentelle sur une blouse… Le plus : la jolie sélection de colliers et de chapeaux.

Sabrina Goh

Orchard Central, #02-11/12
181 Orchard Road (C2)
M° Orchard ou Somerset
☎ 66 34 22 01
www.sabrinagoh.com
T. l. j. 11h-21h30.

La styliste puise son inspiration dans l'architecture. Le résultat ? Des silhouettes déstructurées,

Le meilleur du vintage

Deux adresses où trouver de ravissants tops, jupes, robes, sacs, chaussures et bijoux rétros, des années 1920 aux années 1980.

Granny's Day Out
Peninsula Shopping Centre, #03-25 – 3 Coleman Street (D3)
M° City Hall
☎ 63 36 97 74 – www.grannysdayout.com
Lun.-ven. 12h-20h, sam.-dim 12h-18h.

Dust Bunny Vintage
Block 112, #01-203 – Bukit Purmei Rd (HP par A5 ; carte Île de Singapour) – M°Harbourfront
☎ 62 74 42 00
Mar.-ven. 12h-20h30, sam.-dim. 13h-19h.

avec l'asymétrie en fil rouge. Les matières sont confortables, les couleurs sobres, les prix sages (89 $ la robe). De nombreux vêtements peuvent se métamorphoser : une robe dos nu se transforme en gilet, par exemple. Les sympathiques vendeuses vous montreront toutes les possibilités.

Boutique by Ashley Isham

Orchard Central, #01-27
181 Orchard Road (C2)
M° Orchard ou Somerset
☎ 65 09 54 08
Lun.-sam. 10h-20h, dim. 11h-19h.

Une boutique originale en duplex, où les marches d'un escalier sans fin, doré et blanc, accueillent les créations du styliste singapourien. Des robes couture très chères (jusqu'à 2 000 $), longues, vaporeuses, féminines, plébiscitées par des célébrités comme Lady Gaga ou Kylie Minogue. À s'offrir pour une grande occasion.

Actually

313@Somerset, #04-06
313 Orchard Road (C2)
M° Somerset
☎ 67 35 31 18
www.actually.com.sg
T. l. j. 11h-22h.

Cette boutique, aux faux airs d'entrepôt, avec plafond à nu et sol en béton, vend les jeans streetwear Dr Denim (119 $), et les sacs Freitag (autour de 300 $). Des besaces en bâche de camions (si, si !), découpées, disloquées, nettoyées, pour être transformées en pièces uniques, avec une vraie patine.

Yue Hwa

70 Eu Tong Sen Street, #2 (D4)
M° Chinatown
☎ 65 38 42 22
www.yuehwa.com.sg
T. l. j. 11h-21h (22h sam.).

Au siècle dernier, Yue Hwa s'appelait Great Southern Hotel ; c'était un palace chiquissime, rival du Raffles. Tombé en désuétude puis rénové avant d'être déclaré monument historique, c'est aujourd'hui un mall qui ne réunit que des articles chinois. Le 2e étage propose des vêtements en soie : robes brodées, blouses (240 $), écharpes (62 $)...

Inhabit

Mandarin Gallery, #02-16
333A Orchard Road (C2)
M° Orchard
☎ 68 36 84 41
www.inhabit.com.sg
Lun.-sam. 11h-18h, dim. 12h-19h.

Tout de bois vêtu, très géométrique, ce magasin est un superbe écrin pour une sélection haut de gamme. Ce multi-marques joue dans la cour des grands, avec des labels sélectionnés aux quatre coins du monde (Black Halo, Maison Martin Margiela, Dion lee...). Les prix sont à la hauteur (229 $ le pull, 299 $ un jean).

Antipodean

27a Lorong Mambong
M° Holland Village (HP par B1 ; carte Île de Singapour)
☎ 64 63 73 36
www.antipodeanshop.com
T. l. j. 11h-21h.

C'est une boutique « secrète », puisqu'elle se situe à l'étage, invisible depuis la rue. Mais il serait dommage de ne pas grimper cette volée d'escaliers. Là-haut, plein de griffes australiennes et locales très girly. On aime les pièces signées Al + Alicia (robes à 185 $), aux motifs tribaux, les robes colorées Ribbon et roses (80 $), les bijoux chic de Tree & bee ou de Samantha Wills...

Bad boys & gentlemen

Pas de jaloux dans les couples : Singapour fourmille de boutiques de mode masculine. Pendant que mesdames font leurs emplettes, messieurs pourront se (re)faire une garde-robe élégante, funky ou rock'n'roll, voire – à condition d'y mettre le prix – se faire tailler un costume sur mesure, par des artisans très doués.

Benjamin Barker

Wheelock Place, #02-11
501 Orchard Road (B2)
M° Orchard
☎ 67 33 32 75
www.benjaminbarker.com.au
T. l. j. 11h-21h30.

Cette petite marque australienne qui monte s'adresse aux *gentlemen* qui veulent être élégants derrière leur bureau. Costumes, chemises (89,90 $) et chaussures sont classiques, pas tape-à-l'œil, avec de belles matières, et des coupes maîtrisées, pour un tombé impeccable.

Ambush

Mandarin Gallery, #03-14
333 Orchard Road (C2)
M° Orchard
☎ 68 36 76 67
www.ambushstore.com
Lun.-sam. 11h-21h, dim. 12h-20h.

Le royaume du streetwear, avec des marques comme Original fake ou House of Harlow. Tee-shirts aux imprimés clinquants (60 $), large choix de casquettes et de tennis. Et aussi de jolies figurines arty.

Know it nothing @ PACT

Orchard Central, #02-16/17/18/19
181 Orchard Road (C2)
M° Somerset
☎ 62 38 63 62
www.knowitnothing.com
T. l. j. 11h-22h.

PACT est un 3 en 1 : à gauche, un restaurant japonais-vietnamien. Au fond, un salon de coiffure japonais. Au milieu, une immense table en bois, sur laquelle reposent les trouvailles de l'équipe mode de KIN (Know it nothing). Soit, entre autres basiques chic, les espadrilles Soludos ou les tee-shirts, polos et chemises (129 $) de Sifr.

Praise

Bugis Junction, #03-22A,
200 Victoria Street (E2)
M° Bugis
☎ 63 37 29 10
www.praisemytee.com
T. l. j. 11h-22h.

Lancée en 2007, cette griffe n'avait au début qu'une seule obsession : les tee-shirts aux imprimés graphiques (35 $). Depuis, la collection s'est agrandie, avec l'arrivée de chemises (59 $), pantalons, chaussures... Mais les sources d'inspiration – la musique, et l'art de manière générale – n'ont pas bougé.

Bape Store

Mandarin Gallery, #02-02/03
333A Orchard Road (C2)
M° Orchard
☎ 68 38 02 32
www.bape.com
T. l. j. 10h-21h30.

C'est bien connu, les Japonais n'ont pas froid aux yeux. La preuve avec leur label Bathing Ape aux couleurs et imprimés très funky. Le logo tête de macaque (hommage au film *La Planète des singes*) orne des articles aux couleurs flashy, recouverts de pois, de graffitis, de motifs camouflage (chemises 339 $). Mignonne, la ligne enfants, pour habiller votre bout de chou comme son père.

Sur mesure

Les deux boutiques sont à l'étage, à l'abri des regards des passants non avertis. Elles proposent des costumes et chaussures sur mesure. Les deux y ajoutent une foule d'accessoires très chic : ceintures, boutons de manchette, sacs... Alors certes, Fifty five et Finespun Clothiers ont des prix élevés (à partir de 1 800 $ le costume), mais, pour la qualité, il serait dommage de ne pas vous laisser tenter !

Fifty Five

55B Boat Quay, level 3 (D4)
M° Clarke Quay
ou Raffles Place
☎ 98 53 53 78
Lun.-sam. 11h-19h

Finespun Clothiers

18 Ann Siang Road, #02-01 (D5)
M° Chinatown
☎ 62 25 60 16
www.finespunclothiers.com
T. l. j. 11h30-21h.

Shanghai Tang

The Shoppes at Marina Bay Sands, #B1-12
10 Bayfront Avenue (F4-5)
M° Bayfront
☎ 63 38 66 28
www.shanghaitang.com
T. l. j. 10h-22h.

Cette griffe, le Hermès chinois, invite les hommes à adopter les chemises à col mandarin (335 $), les pulls en cachemire et soie, les boutons de manchette aux motifs orientaux. Avec aussi une sélection d'articles pour la maison, comme des baguettes en argent ou des albums photo recouverts de soie.

Swagger

15 Ann Siang Road (D5)
M° Chinatown
☎ 62 23 58 80
www.swaggerstore.co
Lun.-sam. 11h-20h30.

Connaissez-vous la série *Mad Men* ? Les héros y sont très chic. Cette boutique décline de nombreux vêtements et accessoires permettant d'adopter leur uniforme BCBG ! Matières nobles (en provenance d'Italie), coupes classiques ET modernes, c'est chic et intemporel. Avec des détails pointus, à l'image de ces boutons de manchette Omega, montres-miniatures haut de gamme. En plus de la ligne de prêt-à-porter, il existe un service de sur-mesure (chaussures dès 650 $).

Bijoux, chaussures et accessoires

Des bijoux romantiques ou rock'n'roll, des sacs urbains, des lunettes de soleil excentriques, des escarpins et des ballerines en plastique... Singapour prend l'accessoire au sérieux. De quoi se fabriquer un look pointu, hors des sentiers battus.

Metallurgy

The Cathay, #03-14
2 Handy Road (D2)
M° Dhoby Ghaut
☎ 62 35 33 80
www.metallurgy.com.sg
Dim.-jeu. 12h-21h30, ven.-sam. 12h-22h30.

Une bijouterie sans or, ni perles, ni pierres, ça existe ! La preuve avec cette petite boutique, qui parie sur les métaux comme le titanium. Seuls ou associés à du caoutchouc, le résultat est rock'n'roll, brut de décoffrage : des bracelets à graver, des pendentifs ou des anneaux sans fioritures. Et c'est moins onéreux que les concurrents plus classiques (à partir de 35 $ pour une bague). Pour femmes et pour hommes.

Dressing Room

Tangs, level 2
310 Orchard Road (B2)
M° Orchard
☎ 67 37 55 00
Lun.-jeu., 10h30-21h30, ven.-sam. 10h30-23h, dim. 11h-20h30.

Dans un esprit boudoir, cette adresse rassemble plus d'une dizaine de griffes de lingerie. En un seul lieu, il y en a pour tous les goûts : des basiques confortables, pour sublimer les courbes, avec Wacoal, Huit et DKNY. De la couleur, du romantisme, de belles matières (soie imprimée, dentelles couture ou coton extra-doux) du côté de chez Princesse Tam Tam. Et un grain de folie avec les pyjamas décalés du *kawai* Tsumori Chisato.

Salad Shop

25/27 Haji Lane (F2)
M° Bugis
☎ 62 99 58 08
Dim.-ven. 12h-20h, sam. 12h-21h.

Sur la trendy Haji Lane, Salad Shop tire son épingle du jeu. Avec son look monochrome, blanc, très élégant, et sa sélection éclectique d'accessoires : boucles d'oreilles (35 $) et colliers tout en finesse, serre-tête, paniers en osier... Sur deux étages, ils côtoient un vestiaire romantique et des objets déco raffinés.

Manhattan Portage

Wheelock Place, #02-12
501 Orchard Road (B2)
M° Orchard
☎ 67 35 08 68
www.manhattanportage.sg
T. l. j. 11h-21h30.

Il y a 30 ans, les coursiers à vélo new yorkais réclamaient des sacs robustes et faciles à transporter. Manhattan Portage voyait le jour et décidait de leur offrir des besaces solides, confortables, adaptées à la vie urbaine. Aujourd'hui, la marque affiche fièrement ses origines, avec pour logo la *skyline* de Manhattan. Besaces (89 $), sacs à dos, étuis à iPad... Cette boutique décline toute la collection.

Define Happiness Sunglass

Orchard Central, #02-24/25
181 Orchard Road (C2)
M° Somerset
☎ 66 36 78 80
www.dhsunglass.com
T. l. j. 11h30-21h30.

Pour que ses clients protègent leurs yeux des rayons du soleil, cette boutique épurée a rassemblé une équipe de choc. Il y a là Le Specs, spécialiste des lunettes *oversize* adoptées par le top Cara Delevingne et les chanteuses Beyoncé et Rihanna, Spaceglaze et ses montures vitaminées, en orange, rose, vert ou bleu, ou bien encore Carrera, et ses lunettes rétro-chic, aux branches métalliques (dès 300 $).

Charles & Keith

313@Somerset, #02-46/47/48/49
313 Orchard Road (C2)
M° Somerset
☎ 65 09 50 40
www.charleskeith.com
Dim.-jeu. 10h30-22h
(22h30 ven.-sam.).

Voici le H&M de la chaussure. Des basiques mocassins noirs aux extravagants stilettos dorés, la variété est là, et les prix sont si bas qu'on peut (presque) s'offrir une paire pour aller avec chaque tenue. Large choix aussi de sacs, lunettes, ceintures et bijoux.

Mdreams

Wheelock Place, #B2-03
501 Orchard Road (B2)
M° Orchard
☎ 62 35 29 46
www.melissa.com.sg
T. l. j. 10h-22h.

Le plastique, c'est fantastique ! Melissa, griffe de chaussures *made in Brazil* en est convaincue. Tous ses escarpins et ballerines (dès 70 $) ne sont faits que de ce matériau. Le résultat ? Girly, frais, sucré. Craquants aussi, les modèles réduits, pour bambins, comme ces sandales à tête de chat.

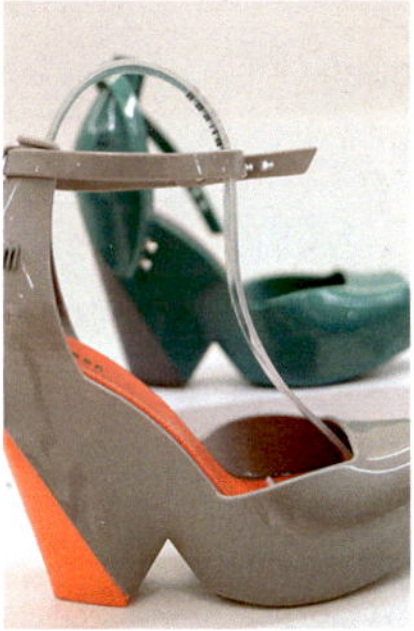

Bijoux à prix tout doux

Des bijoux sertis de pierres précieuses, en fil de fer, en corail, en or, en verre, en bois ou en jade. De toutes les couleurs, de tous les styles. Mais avec un point commun : leur prix bas (dès 30 $). Le secret ? Ce sont des étudiants de l'école de joaillerie de Singapour (JDMIS) qui vendent ici leurs premières créations. La garantie d'avoir une pièce unique.

Shaw Towers Gallery, #02-56/57 – 100 Beach Road (E3)
M° Esplanade
☎ 62 94 17 48 – www.creativejewellerystudio.com
Mar.-sam. 12h-18h.

Décoration
et arts de la table

En matière de déco, Singapour ne manque pas d'inspiration. N'hésitez pas à découvrir les boutiques suivantes, surtout si vous aimez passer des heures derrière les fourneaux, ou si vous voulez insuffler quelques notes asiatiques à votre *home sweet home*.

John Erdos

7B Dempsey Road (HP par A2 ; Visite14)
M° Farred Road
☎ 67 35 33 07
www.johnerdos.com.sg
T. l. j. de 10h à 20h.

Giorgio Armani et Julia Roberts sont clients. Le designer John Erdos n'utilise que du teck recyclé pour fabriquer ses meubles. Les lignes sont épurées, sans être réfrigérantes. Vous pourrez aussi y trouver une foule d'objets déco : poules ou éléphants en bronze (dès 22 $), plaids en laine faits main, cages à oiseaux colorées…

Crate&Barrel

ION, #03-25, #04-21/22
2 Orchard Turn (B2)
M° Orchard
☎ 66 34 42 22
www.crateandbarrel.com
T. l. j. 10h-21h.

Sur deux étages, des meubles, des accessoires de décoration et beaucoup d'articles pour la table et la cuisine. Le style est sobre et contemporain, les prix abordables. La vaisselle est blanche, de style bistrot. On trouve de nombreux moules, pots à verrines (dès 1,95 $), couteaux japonais…

Tott

896 Dunearn Road (HP par A1 ; carte Île de Singapour)
M° Clementi
☎ 62 19 70 77
www.tottstore.com
Lun.-ven. 11h-21h,
sam.-dim. 10h-21h.

Un grand magasin d'ustensiles de cuisine : sur 3 350 m², plus de 20 000 produits (dès 7,50 $) pour passer derrière les fourneaux. Pendant que vous parcourez les allées, vous pouvez laisser vos enfants au *corner* Bake & Go. L'idée : ils ont trente minutes, sous la surveillance de l'équipe du magasin, pour réaliser un gâteau et l'emporter avec eux.

Galanga Living

211 Henderson Road, #001-02 (A5)
M° Redhill
☎ 64 75 26 33
www.galangaliving.com
T. l. j. 10h-19h.

Un design scandinave + une touche asiatique, voilà la signature de Galanga Living. Dans votre panier, vous pourrez mettre des vases en vitrocéramique, des cadres photo en bois recyclé, des lanternes en rotin (59 $), des tableaux, de la vaisselle colorée ou des valises en cuir et bois (249 $).

House of Zhen

1 Trengganu Street (D5)
M° Chinatown
☎ 62 26 32 81
Mer.-lun. 10h-20h30, mar. 10h-18h.

Une fois n'est pas coutume, voici une boutique de Chinatown qui ne vend pas que des objets kitsch. Ici, tout est de bon goût : les baguettes, les bols en bambou (12 $), les boîtes à bijoux laquées, les masques recouverts de motifs batiks, ou bien encore les lanternes en papier, poétiques, à accrocher sur votre terrasse ou dans votre jardin (3 pour 10 $).

Standard of Living

34 Kandahar Street (F2)
M° Bugis
☎ 62 98 23 49
www.facebook.com/standardoflivingsg
Lun.-sam. 12h-19h, dim. 14h-18h.

La première chose que vous remarquerez en entrant, ce sont les meubles. Fauteuils, canapés ou consoles, faits main, ont un délicieux air rétro. N'oubliez pas d'observer la charmante collection d'objets de décoration. Ici des coussins aux motifs de chouettes (58 $), là des tableaux à messages (« live love laugh », « happily ever after », « bring me sunshine »), des cadres photo patinés, des mugs aux motifs fleuris, ou bien encore des bougies au jasmin.

Supermama

Singapore Art Museum @8Q
8 Queen Street (E3)
M° Bras Basah
☎ 98 31 36 91
www.supermama.sg
T. l. j. 11h-20h.

Chaque objet présenté ici a une histoire. Tous sont faits main, par des designers, dont une majorité de Japonais. Encens (36 $), carnets de notes, bols, vaisselle en bleu et blanc aux motifs funky, plantes… La sélection hétéroclite est dévoilée sur des étagères blanches, dans un espace minimaliste, façon galerie d'art.

I wanna go home

Great World City, #01-35/36, 1 Kim Seng Promenade (B3)
M° Orchard
☎ 67 37 88 58
www.iwannagohome.com.sg
Lun.jeu. 11h-21h, ven.-sam. 10h-21h.

Ici, pas question d'imposer un style. Ce magasin décline une variété incroyable d'objets de déco propres à satisfaire toutes les envies. Cela va des vases en mosaïque aux fleurs artificielles, en passant par les bouddhas, la vaisselle, les statues d'animaux (des éléphants dorés à 39 $, des perruches en bois à 9 $, des poules en porcelaine, et même des grenouilles en tutu rose !) ou les porte-bougies.

Atomi

Avant-gardiste mais intemporel, minimaliste mais attentif aux moindres détails : tel est le design nippon. Cette boutique raffinée décline vaisselle, vêtements, objets de déco faits main au Japon : origami (8-16 $), tasses à saké en porcelaine ultra-fine, vases aux courbes précises…

Mandarin Gallery, #04-27 – 333A Orchard Road (C2)
M° Somerset
☎ 68 87 41 38 – www.atomi-jp.com
T. l. j. 11h-20h.

Image, son et informatique

Contrairement aux idées reçues, Singapour n'est pas forcément le royaume des petits prix pour le matériel électronique. Ceci dit, certaines adresses restent très intéressantes, notamment pour s'approvisionner en accessoires spécialisés. Et le choix est incomparable.

Sim Lim Square

1 Rochor Canal Road (E2)
M° Rochor
☎ 63 38 38 59
www.simlimsquare.com.sg
T. l. j. 11h-21h.

Ce mall décrépit cache six étages de produits électroniques et informatiques. Dans ce bazar grouillant de monde, vous trouverez tous les accessoires possibles et imaginables : coques d'iPad, batteries, écrans, cartes graphiques… Le choix est incroyable. En plus, c'est moins cher que partout ailleurs. Mais attention, il ne faut pas avoir peur de négocier. Vous pourrez ainsi obtenir des rabais jusqu'à 50 % du prix initial.

Funan DigitaLife Mall

109 North Bridge Road (D3-4)
M° City Hall
☎ 63 36 83 27
www.funan.com.sg
T. l. j. 10h-22h.

Plus propret que son rival Sim Lim Square, Funan pratique des prix plus élevés. Mais il peut s'appuyer sur une sélection très variée. Sept étages consacrés aux ordinateurs ou composants électroniques (claviers, webcams, disques durs…) les plus récents. Toutes les marques sont représentées sous le même toit. Vous pourrez donc comparer les prix.

Stereo

Ion, #B4-23/24
2 Orchard Turn (B2)
M° Orchard
☎ 66 34 35 19
www.stereo.com.sg
T. l. j. 11h-21h30.

Si vous cherchez des écouteurs ou un casque audio, vous êtes

au bon endroit. Bose, House of Marley, Seenheiser, Jays, Logitech... La sélection est incroyablement large, et les prix, de même : de 18 $ à plus de 1 000 $! De quoi conquérir les accros de son sans fausse note.

Leica

Raffles Hotel Arcade, #01-18
328 North Bridge Road (E3)
M° City Hall
☎ 63 36 95 55
www.leica-store.sg
T. l. j. 10h-20h.

Le fabricant allemand d'appareils photo, qui a fêté son centenaire en 2013, s'offre une superbe vitrine, avec galerie photo intégrée. Les produits sont des bijoux de design et de technologie, à l'image du compact Leica C, au fini laqué. Si vous hésitez devant le prix, vous pourrez en louer certains, pour les essayer dans toute la ville, avant d'éventuellement succomber à la tentation.

Peninsula Plaza

111 North Bridge Road (E3)
M° City Hall
☎ 67 35 53 35
T. l. j. 11h-22h.

Dans ce mall, le rez-de-chaussée est un paradis pour les amateurs de photo. Dans les boutiques Cathay Photo Store (#01-04/14), ils trouveront du matériel amateur ou pro, et une foule d'accessoires. Chez Alex Photo (#01-15), c'est l'occasion qui est à l'honneur, de 1980 à aujourd'hui ; objectifs, boîtiers, compacts... se négocient pour environ la moitié de leur prix d'origine.

Maestro Guitars & Ukuleles

Esplanade Mall, #02-02
8 Raffles Avenue (E4)
M° Esplanade
☎ 63 33 32 38
www.maestroguitars.com
T. l. j. 12h30-20h.

Le magasin d'un luthier, Hozen, qui a conçu une superbe ligne de guitares et de ukulélés au son riche. Des instruments évidemment faits main. Les ukulélés sont vendus à partir de 155 $ (taille adulte). Les enfants, eux, ont droit à une ligne très colorée (avec Hello Kitty et Cie), dès 69 $.

HMV

Marina Square, #02-323
6 Raffles Boulevard
M° Esplanade
☎ 67 33 18 22
www.hmv.com.sg
T. l. j. 11h-21h.

Le géant anglais se targue d'avoir le plus grand magasin de musique et vidéo de l'île. Il y en a pour tous les goûts. Grâce à une large sélection, vous pourrez y dénicher des titres perdus de vue. Les nouveaux CD sont autour de 19,90 $, les DVD 24,90 $. Avec aussi un joli choix de jeux vidéo et d'écouteurs. Il y a des promotions quasiment en permanence.

En pratique

Si vous souhaitez acheter un ordinateur, n'oubliez pas que les claviers vendus ici (anglophones), ne sont pas les mêmes que ceux que l'on trouve en France. Les touches ne sont pas au même endroit et certaines disparaissent carrément (accents, euro...). À Sim Lim Square, mieux vaut faire ouvrir la boîte de ce que vous achetez, pour en vérifier le contenu, l'idée étant d'éviter les arnaques. Enfin, les prises sont différentes des nôtres, donc il faut penser à acheter un adaptateur.

Le coin des culottes courtes

Des jouets en bois, de jolis livres illustrés, des bonbons par milliers, une mode pour enfants sages : à Singapour, les boutiques pour bambins dessinent un univers de douceur. Si on y ajoute de nombreuses activités pour s'amuser avec papa et maman, vos bouts de chou risquent de ne plus vouloir rentrer à la maison !

Children Little Museum

42 Bussorah Street (F2)
M° Bugis
☎ 62 98 27 13
T. l. j. 11h-21h
Entrée musée : 2 $.

Un robot de taille humaine accueille les visiteurs à l'entrée de cette boutique. Une fois à l'intérieur, tout est surprenant : le propriétaire a accumulé un grand juke box, des radios hors d'âge, des jouets (15 $ le petit scooter)... Mais le vrai trésor est à l'étage : un musée retraçant une enfance à Kampong Glam. Robots, petits trains, chevaux à bascule et même cahiers d'exercices, de quoi plaire aux petits, et réveiller la nostalgie des grands.

The Better Toy

Tanglin Mall, #01-11/12
163 Tanglin Road (A2)
M° Orchard
☎ 68 36 24 50
www.thebettertoystore.com
T. l. j. 10h30-21h30.

Cette boutique plonge ses jeunes visiteurs dans un univers

de douceur. Les jouets sont jolis, en bois (en majorité), éducatifs et certifiés green. À shopper : xylophones, blocs de construction, puzzles (dès 19,90 $), peluches...

Candylicious

Resorts World Sentosa
26 Sentosa Gateway, #01-225-230 (carte Sentosa)
☎ 66 86 21 00
www.candyliciousshop.com
T. l. j. 10h-22h.

Il s'autoproclame « le plus grand magasin de bonbons au monde ». Une chose est sûre, les enfants ne sauront plus où donner de la tête. Des M&M's multicolores (6 $ les 100g), des arbres à bonbons, des biberons remplis de confiseries, des scrabbles en chocolat, des sucettes géantes, un mur de bonbons en vrac (4,50 $ les 100 g)... Gare aux caries !

Woods in the Books

3 Yong Siak Street (B5)
M° Tiong Bahru

☎ 62 22 99 80
www.woodsinthebooks.sg
Mar.-sam. 11h-20h (18h dim.).

Cette boutique a fait des livres illustrés sa spécialité. Classiques et nouveautés, bandes dessinées décalées, travaux du dessinateur Sempé, versions animées du *Petit Prince*... font partie des trésors à feuilleter. Aussi en vente : dessins, peintures, cartes postales et peluches.

Toy N Toys

China Square Central, #01-25/26
18 Cross Street (D5)
M° Chinatown
☎ 64 38 68 06
www.toyntoys.com
Lun.-ven. 11h30-20h,
sam. 11h30-19h, dim. 10h30-18h.

Batman et sa batmobile, Iron man, Robocop, GI Joe, Spider-Man, et même des samouraïs japonais : toutes les idoles des petits (et des plus grands) sont là, chez le spécialiste des figurines. Côté prix, la fourchette est large, de 50 à 1 200 $. Avis aux amateurs : à l'étage de ce mall, vous trouverez d'autres boutiques spécialistes des figurines.

Activités à faire avec vos bambins

Le Singapore Science Centre est un musée interactif où les enfants se plongent dans l'univers des sciences, du corps humain aux changements climatiques, en passant par l'espace et la Terre.

Singapore Science Centre : 15 Science Centre Rd (carte Singapour)
M° Jurong East – ☎ 64 24 25 00 – www.science.edu.sg
T. l. j. 10h-18h
Entrée : 12 $ adulte, 8 $ enfant.

Moitié kart, moitié toboggan, la luge sur Sentosa se pratique sans neige. Sur 1,2 km au total, courbes droites, bosses et virages serrés sont à négocier en famille.

Skyline Luge Sentosa : 45 Siloso Beach Walk (carte Sentosa)
☎ 62 74 04 72 – www.skylineluge.com
T. l. j. 10h-21h30 – Pass famille 4 descentes : 33 $.

Courant 2015 ouvrira également sur l'île de Sentosa **KidZania,** un parc d'attractions uniquement consacré aux enfants. Ceux-ci pourront s'entraîner à exercer de « vrais » métiers, gagner de l'argent fictif et apprendre à le gérer... De quoi faire naître des vocations !

Paragon

290 Orchard Road (C2)
M° Orchard
☎ 67 38 55 35
www.paragon.com.sg
T. l. j. 10h-21h.

Le 5e étage de ce mall est consacré aux enfants. Vous irez chez Kids 21 pour l'habiller couture, avec des griffes comme DKNY, Baby Dior, Stella Mc Cartney ou Marc Jacobs. Pour une mode pleine de douceur, faites un détour chez le londonien Caramel. Et pour les jouets éducatifs, arrêtez-vous chez Early Learning Centre.

Château de Sable

Great World City, #03-18
1 Kim Seng Promenade (B3)
M° Orchard
☎ 68 36 66 80
www.chateaudesable.com
Lun.-jeu. 10h-21h
(21h30 ven.-dim.).

La petite marque qui monte à Singapour est française. Derrière cette garde-robe pour enfants sages, se cache la styliste Stéphanie Lemaire. Les matières sont douces, les couleurs pastel (rose, bleu ciel, beige...), les détails soignés (des froufrous, de fines rayures, des carreaux). Et la qualité est là. Que demander de plus ? (Robes 55 $, hauts filles et garçons 30-40 $.)

Les marchés

Il n'y a pas que des malls à Singapour, la preuve ! Dans ces marchés, îlots d'authenticité, vous trouverez aussi bien des fruits et légumes que des antiquités ou des produits confectionnés par des créateurs locaux.

Chinatown Market

Chinatown Complex, #B1
335 Smith Street (D5)
M° Chinatown
T. l. j. 8h-12h.

De l'extérieur, on dirait un building hors d'âge, sans charme. Il faut dépasser cette première impression car ce bâtiment héberge en fait le marché le plus exotique de la ville (sous-sol). Après tout, il n'y a qu'ici que vous trouverez des tortues, vendues comme des morceaux de bœuf, des grenouilles, des œufs de cent ans (ils ont été conservés quelques mois avant d'être proposés à la vente) ou des têtes de poisson, un mets très apprécié par les Chinois. Avec aussi des vêtements bon marché au rez-de-chaussée et un *hawker centre* au premier étage.

Sungei Road Thieves Market

Sungei Road (E2)
M° Bugis
T. l. j. 11h-19h.

Rassurez-vous, cet auto-proclamé « marché aux voleurs » vend de la marchandise tout à fait légitime. Ce ne fut pas toujours le cas : à sa création, dans les années 1930, si une personne se faisait dérober ses effets, elle était sûre de les retrouver ici-même… Aujourd'hui, 400 vendeurs viennent arrondir leurs fins de mois en vendant un bric-à-brac incroyable : statuettes, télécommandes, téléphones portables et chargeurs, vêtements, lunettes… Tout est étalé directement sur le sol. C'est chaud (pas de tentes pour vous protéger du soleil), surpeuplé et en désordre, mais l'expérience est unique.

Tekka Market

665 Buffalo Road (E2)
M° Little India
T. l. j. 6h30-21h.

Des piles de fruits exotiques, des ramboutans chevelus, des

durians odorants, des mangues de Taïwan ou des pêches du Japon. Des gambas géantes, des calamars, du thon, du loup. Des stands de viande halal. Des épices. Des sourires. Des odeurs qui s'entremêlent. Des saveurs qui se devinent. Et par-dessus tout, une ambiance électrique, une gentille bousculade. Autant d'ingrédients qui font de ce *wet market* un incontournable.

Market of Artists And Designers (MAAD)

Red Dot Design Museum
28 Maxwell Road (D5)
M° Tanjong Pagar
☎ 63 27 80 27
http://museum.red-dot.sg
Un ven. par mois, 17h-minuit.

Ce marché des artistes et designers déborde de créativité. Parce qu'il occupe les murs du Red Dot Design Museum, qui plus est en soirée. Parce qu'il mêle les genres : ici un DJ qui joue une musique électro, là un cours de dessin (pour 10 $) avec modèles vivants. Parce que la marchandise est aussi raffinée qu'inventive, comme ces bijoux recyclés avec des journaux. Les plus : les prix (de nombreux bijoux sont vendus autour de 10 $) et l'ambiance sympathique. Ce marché se revendique *family friendly* et *pet friendly*.

China Square Central Flea Market

18 Cross Street (D5)
M° Chinatown
☎ 63 27 44 73
www.chinasquarecentral.com
Dim. 11h-18h.

Un vide-grenier rassemblant une soixantaine de vendeurs. La marchandise est 100 % locale. On trouve de tout, des services à thé aux cartes postales, en passant par des timbres, figurines manga, statuettes en porcelaine, téléphones rétros… à prix mini (dès 1$).

Public Garden

Dates et lieux sur www.public-garden.com

Ce marché volant se tient régulièrement, dans un endroit différent à chaque fois : un musée, une bibliothèque, un mall… Il sélectionne uniquement des créateurs indépendants pour une expérience shopping inédite ! On y trouve de la déco vintage et de nombreux accessoires faits main. Dernier-né de ces marchés *pop-up* : **Every Little Things,** spécialisé dans la mode.

Empress Road Market

7 Empress Rd (carte Île de Singapour)
M° Farrer Road
T. l. j. 7h-12h.

Ce *wet market* est typique de tous ceux que l'on trouve dans les HDB. Il y a là des fruits et des légumes, du poisson, de la viande. Et, autour, tous les services qui font des HDB une ville dans la ville : coiffeur, banque, centre médical, magasin de bricolage, *hawker centre*, dentiste…

Les *wet markets*

Les *wet markets* font incontestablement partie de l'héritage singapourien. Pourquoi « wet » ? Tout simplement parce que les sols sont constamment humidifiés par le dégel des blocs de glace, le nettoyage des poissons ou des légumes. Ces marchés en plein air, moites, vendent fruits et légumes, poissons, viandes et épices, et la plupart des stands sont une affaire de famille ! Les *wet markets* sont souvent ouverts de 4h à 12h. Il faudra donc vous lever assez tôt pour découvrir ces étals pleins de charme !

Telok Blangah Crescent Market : 11 Telok Blangah Crescent (A5).

Boutiques gourmandes

Épices indiennes, pâtisseries chinoises, cupcakes *british* ou *mochis* japonais, Singapour offre un étourdissant tour du monde aux gourmets. Si vous êtes sur place en septembre, vous n'échapperez pas aux *mooncakes*, ces gâteaux ronds qui envahissent les vitrines des pâtissiers lors du Mid-Autumn Festival.

Tong Heng Confectionery

285 South Bridge Road (D5)
M° Chinatown
☎ 62 23 36 49
T. l. j. 9h-22h.

La popularité de cette pâtisserie chinoise ne se dément pas

depuis les années 1920. Le best-seller ici, c'est l'*egg tart* : une tartelette dont les seuls ingrédients sont des œufs, du sucre et de l'eau (1,40 $) ! Fondant comme un flan. À goûter aussi, la version à la noix de coco, les pâtisseries à la pâte de lotus et jaune d'œuf (2 $), ou celles aux œufs de cent ans.

Yue Hwa

70 Eu Tong Sen Street, #03 (D4)
M° Chinatown
☎ 65 38 42 22
www.yuehwa.com
Dim.-ven. 11h-21h, sam. 11h-22h.

Le 3e étage de ce mall est un supermarché de produits exclusivement chinois. On y trouve des thés, de la poudre

de sésame, de la gelée d'amande, des mangues séchées (de 2 à 8 $)… Et aussi des nouilles et toutes les sauces possibles et imaginables pour accompagner celles-ci, comme la sauce aux huîtres.

Thandapani Co.

124 Dunlop Street (E1-2)
M° Little India
☎ 62 92 31 63
T. l. j. 9h-21h30.

L'Inde est le berceau de nombreuses épices. Dans cette

échoppe, vous trouverez, à côté des sacs en jute débordant de piments rouges, curcuma, cumin, coriandre, safran, gingembre et cannelle. Sur les étagères, de nombreux mélanges d'épices (2 $ env. le sachet), qui facilitent la vie. En cas de doute, la vendeuse se fera un plaisir de vous indiquer des idées de recettes, simplissimes mais hautes en saveurs.

Swiss Butchery

56 Tanglin Road, #01-02 (A2)
M° Orchard
☎ 62 35 80 80
www.swiss-butchery.com.sg
T. l. j. 9h-21h.

Ce boucher prépare des viandes tellement fondantes qu'elles pourraient faire changer d'avis un végétarien (bœuf, dès 49 $ le kilo). À côté, le coin épicerie recèle des charcuteries espagnoles, des fromages et de beaux produits plus faciles à rapporter (huile à la truffe, chutney de figues, confit d'oignons ou sel rouge d'Hawaï).

Awfully Chocolate

Raffles City, #B1-52
252 North Bridge Road (E3)
M° City Hall
☎ 63 38 35 27
www.awfullychocolate.com
T. l. j. 10h-22h.

Des gâteaux garantis à haute teneur en cacao. À essayer : pour les puristes du noir, *All Chocolate*, les truffes ou la *Chocolate tart* (6,80 $). Pour les autres, le crumble chocolat-noisette, les cupcakes ou la crème brûlée au chocolat blanc. Pour tous, la glace, pas trop sucrée, mais riche en goût.

Mochi Sweets

313@Somerset, #B3-11
313 Orchard Road (C2)
M° Somerset
☎ 68 36 66 86
T. l. j. 10h-22h.

Les Japonais en sont fous : les *mochis*, petits gâteaux ronds de riz gluant, sont aussi à la mode à Singapour. De toutes les couleurs, ces bouchées sont appétissantes (2,50-2,80 $ pièce), et elles existent à tous les parfums : du traditionnel haricot rouge (si, si !) aux créations plus modernes comme la fraise, le sésame noir, ou le caramel.

Swirls Bake Shop

8 Rodyk Sreet (C4)
M° Clarke Quay
☎ 63 34 47 65
www.swirls.com.sg
T. l. j. 11h-19h.

Des cupcakes aux innombrables parfums (il y en aurait 101 !). Du *Red Velvet* (saveur chocolat, couleur pourpre) au *What's up Doc?* (carrot cake), en passant par les parfums à la lavande, à la fraise ou *Very Vanilla*… c'est aussi joli que bon. Tous sont disponibles en trois formats : mini (2,50 $), normal (3,95 $)… ou géant (31,50 $), selon votre gourmandise !

Les *mooncakes*

En septembre, lors du Mid Autumn Festival, restaurants chinois, pâtisseries et grands hôtels (Marriott, Raffles, Fairmont…) dévoilent leur nouvelle collection de *mooncakes*. La tradition est aussi forte que celle de la galette des rois dans l'Hexagone. On offre à sa famille, ses amis ou ses collègues ces gâteaux ronds, épais, souvent imprimés de caractères chinois signifiant « longévité » ou « harmonie ». Les téméraires essaieront la version traditionnelle, fourrée d'un jaune d'œuf salé. Les autres se replieront sur les multiples variantes, à la pâte de lotus, au chocolat, au champagne, aux fruits de la passion…

Antiquaires et brocantes

Les connaisseurs vous le diront : le marché des antiquaires vit son heure de gloire à Singapour. Si votre porte-monnaie est bien garni, vous pourrez vous offrir de superbes bouddhas, meubles chinois, vases Ming et autres trésors asiatiques. Sinon, vous pourrez également profiter de trouvailles plus accessibles dans des brocantes.

Emperor Antique House

Tanglin Shopping Centre, #01-31/32/33
19 Tanglin Road (A-B1)
M° Orchard
☎ 62 35 76 55
Lun.-sam. 10h-18h30, dim. sur rendez-vous.

C'est dans le nord de la Chine que cet antiquaire va chercher ses meubles. Parce que là-bas, le bois, habitué aux hivers rudes, est dense, résistant. Les pièces retenues, des XVIIIe et XIXe s., sont un travail d'orfèvre : des commodes, bibliothèques, bureaux, recouverts de peintures raffinées, évoquant des scènes d'un autre temps. Avec aussi une superbe collection de bouddhas de grande taille, venus de Birmanie, en bronze, pierre ou albâtre.

Antiques of the Orient

Tanglin Shopping Centre, #02-40
19 Tanglin Road (A-B1)
M° Orchard
☎ 67 34 93 51
www.aoto.com.sg
Lun.-sam. 10h-18h, dim. 11h-16h.

Cet antiquaire possède des originaux et des reproductions d'estampes anciennes, de photographies et de cartes de toute l'Asie. Il a même une carte d'Abraham Ortelius qui se trouvait dans le premier atlas mondial, imprimé en 1570 ! Parmi les beaux livres, la collection d'aquarelles de la faune et de la flore malaises du commandant britannique William Farquhar. Il y en a pour tous les prix (dès 1,80 $ pour une carte postale rétro).

Naga Arts & Antiques

Tanglin Shopping Centre, #01-48
19 Tanglin Road (A-B1)
M° Orchard
☎ 62 35 70 84
Lun.-sam. 10h-18h.

Ce magasin donne l'impression d'un fouillis, d'un amas de babioles. Mais si vous vous approchez, vous verrez que les babioles sont en fait des petits bouddhas absolument sublimes ! En grès, albâtre, bronze ou bois, ils viennent de Thaïlande, Cambodge, Laos ou Birmanie. Attention au bois, qui peut se fendre si vous ramenez votre bouddha en France en plein hiver !

Harvest Straits

Tanglin Shopping Centre, #03-31
19 Tanglin Road (A-B1)
M° Orchard
☎ 94 24 72 65
Lun.-sam. 11h30-18h.

Les arts primitifs ont été remis sur le devant de la scène médiatique par le musée du quai Branly à Paris. Cet antiquaire présente de superbes pièces d'art tribal, toutes originaires d'Indonésie. Des masques, des totems, des écorces peintes, des statuettes ou des coiffes qui ont pour point commun leur authenticité. Bienvenue dans un monde mystérieux et envoûtant !

Tong Mern Sern Antiques Arts & Crafts

51 Craig Road (C5)
M° Tanjong Pagar
☎ 62 23 10 37
www.tmsantiques.com
Lun.-sam. 9h-18h, dim. 13h-18h.

Keng Ah Wong a toujours eu la passion des vieilles choses. Le vieux monsieur a ouvert cette échoppe en 1972 et n'en a plus bougé. Sur les étagères, des centaines d'objets entassés, des statues, des livres, des carreaux péranakans, des bols en porcelaine, des affiches, des violons, des appareils photo… qui ont tous déjà connu plusieurs vies. Objets à partir de 20 $.

The Antique Room

Tanglin Shopping Centre, #03-14
19 Tanglin Road (A-B1)
M° Orchard
☎ 67 33 47 53
T. l. j. 11h-22h.

La confection des précieux vases « bleu et blanc » apparut sous la dynastie mongole des Yuan (1271-1368), avant d'atteindre son âge d'or sous les Ming (1368-1644). Cet antiquaire possède de sublimes vases de ces deux époques, aux motifs sophistiqués. Avec sa lampe spéciale, il pourra vous montrer la finesse de la porcelaine.

Odds'n'Collectables

128 Telok Ayer Street (D5)
M° Telok Ayer
☎ 96 62 44 61
T. l. j. 11h30-21h30.

Le chaos règne dans cette boutique. Enfin, boutique, c'est vite dit, car le propriétaire, Juzer Saifee, a empilé sur le trottoir une masse incroyable d'objets anciens. Il y a là des lampes, de vieux journaux, de la vaisselle japonaise, une machine à écrire, des chaussures des années 1920, des cages à oiseaux… Si vous cherchez un objet en particulier, n'hésitez pas à lui demander, car son stock est énorme. Il n'y a pas d'étiquettes, les prix sont à négocier (de 1 à plusieurs centaines de dollars).

Adjugé !

Expact auctions, ce sont des enchères organisées deux à trois fois par semaine. L'origine des biens : des expatriés quittant la cité-État, et ne pouvant amener leurs meubles et objets de déco avec eux. On y trouve régulièrement des antiquités, à prix (très) bradés. Si vous n'enchérissez pas, vous pourrez profiter de l'ambiance et de l'apéro, offert les mercredis et jeudis.

Enchères : mer.-jeu. 19h, sam. 10h
Citilink Warehouse Complex, #1-1 – 102F Pasir Panjang Road
(voir Visite 15)
M° Pasir Panjang – ☎ 62 78 05 11 – www.expatauctions.com.sg

Beauté et bien-être

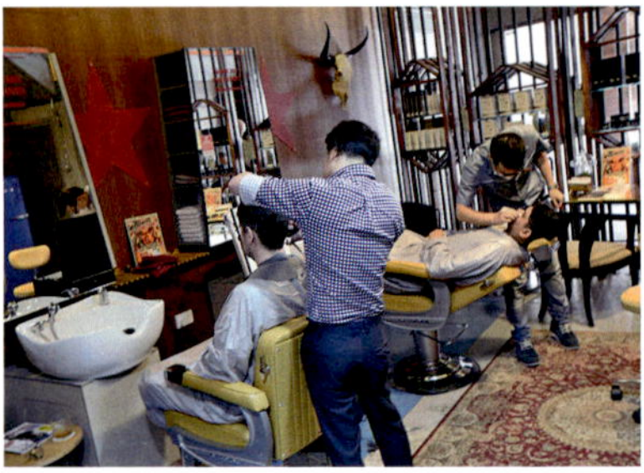

Massage au bambou, tatouage au henné ou réflexologie plantaire, si vous voulez profiter de votre escapade pour vous chouchouter, vous n'aurez que l'embarras du choix. Ces messieurs ne sont pas en reste, avec un salon de beauté qui leur est exclusivement dédié…

Jurlique

Wheelock Place, #04-02
501 Orchard Road (B2)
M° Orchard
☎ 67 35 71 77
www.jurlique.com.sg
Lun.-ven. 10h30-19h30, sam.-dim. 9h30-18h30.

C'est sur les collines d'Adélaïde, en Australie du Sud, que poussent lavande, rose, calendula et autres ingrédients naturels entrant dans la composition de ces produits de beauté. Ce *day spa* les utilise pour des soins du visage et des massages (60 min, 120 $) divinement parfumés.

Apivita

ION, #B3-45-46
2 Orchard Turn (B2)
M° Orchard
☎ 65 09 06 45
www.apivita.com
T. l. j. 11h-22h.

Convaincu que miel, propolis et gelée royale faisaient des merveilles pour la peau, le grec Nikos Koutsianas encapsula ces précieux ingrédients et fonda Apivita en 1979. Aujourd'hui, ces shampoings, masques et autres sérums pour le visage (30-60 $) montrent que Maya l'abeille et ses copines ont plus d'un tour dans leur sac.

Remède spa

Hôtel The St Regis Singapore
29 Tanglin Road (A2)
M° Orchard
☎ 65 06 68 96
www.remedespasingapore.com
T. l. j. 9h-minuit.

Ce spa luxueux cache une pépite : le Pedi:Mani:Cure Studio de Bastien Gonzalez. Le frenchy, baptisé « virtuose du pied », propose une pédicure (60 min, 195 $) qui réconcilie soin et beauté. La séance inclut un polissage des ongles avec du cuir de chamois, pour l'effet brillance au naturel, et un massage des genoux à la pointe des orteils, pour l'effet relaxant.

So SPA

Singapore Resort and Spa Sentosa
2 Bukit Manis Rd (carte Sentosa)
☎ 63 71 12 88
www.singaporeresortsentosa.com
T. l. j. 10h-21h.

Un spa immergé dans la nature, éclaboussé de soleil, avec une BO naturelle signée par le chant des oiseaux et l'eau ruisselante. Avant ou après votre soin, vous pourrez faire quelques brasses au pied d'une cascade, ou prendre le thé dans la sérénissime Tea House. Pour détendre vos muscles en profondeur, demandez le Lomi-mae massage (60 min, 180 $). Des mouvements amples et enveloppants comme le flux et reflux des vagues... Soins hammam également.

We Need a Hero

57 Eng Hoon Street (B4)
M° Tiong Bahru
☎ 62 22 55 90
www.weneedahero.sg
Lun.-ven. 11h-21h,
sam.-dim. 10h-21h.

Un salon de beauté *for men only*, où ils peuvent se faire couper les cheveux (55 $),

raser la moustache, tailler la barbe, colorer les sourcils, épiler le torse, masser la tête et les épaules... Le tout dans un décor viril, bien loin des instituts rose bonbon réservés aux femmes. De quoi les aider à se sentir à l'aise dès qu'ils franchiront le pas de la porte.

Bath Culture Foot Therapy

59 Temple Street (D5)
M° Chinatown
☎ 62 26 62 89
www.bathculture.com.sg
T. l. j. 12h-minuit.

Lanternes en soie, murs rouge sombre, lumières tamisées et musique orientale, voilà pour l'atmosphère, cosy à souhait. Cet institut, au cœur de Chinatown, est expert en réflexologie plantaire. Pour relâcher toutes les tensions, il est possible de combiner le massage des pieds, à l'huile de jojoba, à un modelage de la nuque et des épaules (60 min, 69 $).

Secrets de beauté

Les Asiatiques ne jurent que par la peau blanche. Pour se protéger des rayons du soleil, beaucoup ne sortent pas sans leur ombrelle. Pour soigner leur teint, elles utilisent de la farine de riz, matifiante. Dans les salons de coiffure, la coupe s'accompagne obligatoirement d'un massage du cuir chevelu, secret de leur chevelure soyeuse. Enfin, leurs sourcils ont droit à la même attention, domptés – dans des salons qui leur sont réservés – pour être longs et fins.

Selvis Beauty

Little India Arcade, #01-23/11
48 Serangoon Road (E1-2)
M° Little India
☎ 62 97 53 22.

Au milieu de Little India Arcade, ce stand propose des tatouages éphémères au henné. Sans chichi, vous vous asseyez sur un tabouret en plastique avant de choisir un motif dans le grand carnet déposé devant vous. En une minute à peine, à main levée, le spécialiste réalise un joli dessin sur votre main, pour 5 $. Vous garderez pendant deux semaines ce souvenir de vacances.

Bud Cosmetics

Mandarin Gallery, #03-32
333 Orchard Road (C2)
M° Somerset
☎ 67 33 57 82
www.budcosmetics.com
Dim.-jeu. 11h-20h30,
ven.-sam. 11h-21h.

Une gamme de produits 100 % bio. Essayez l'huile corps rose et jasmin de The Organic pharmacy, les soins visage au miel de manuka de Living Nature, les bougies parfumées Neom.

Petits cadeaux et inspirations ethniques

Chaussures brodées péranakanes, tapis persans, parfums orientaux, boîtes à bijoux… À Singapour, les cadeaux sont souvent ethniques. La garantie de ramener quelque chose d'original dans ses bagages. Pour les petits prix et les idées sympas, un détour par Chinatown est incontournable.

PETITS CADEAUX

The Wright Gift

ION, #04-02
2 Orchard Turn (B2)
M° Orchard
☎ 65 09 82 20
www.thewrightgift.com
T. l. j. 10h30-21h.

La machine à remonter le temps a été allumée. Les visiteurs rêveront devant des maquettes vintage de coucous, de voiliers ou de montgolfières, un téléphone ou une machine à écrire sans âge et des carnets patinés par le temps. Avec aussi des pépites arty, comme les « Lego » en bois de David Weeks (dès 16 $).

The Planet Traveller

ION, #04-19
2 Orchard Turn (B2)
M° Orchard
☎ 65 09 83 30
www.theplanettraveller.com
T. l. j. 10h30-21h.

Ici, vous trouverez une très grande gamme de bagages et autres accessoires pour parcourir le monde. Oreiller de voyage à offrir à votre oncle qui n'aime que les voyages tout confort, couverture de survie (9,90 $) ou couteau suisse pour votre cousin qui part sac à dos à l'aventure.

Kikki K

ION, #B2-53,
2 Orchard Turn (B2)
M° Orchard
☎ 65 09 31 07
www.kikki-k.com
T. l. j. 10h-22h.

Une papeterie ludique, pas du tout ennuyeuse, voici

la promesse de Kikki K. Sur les étagères, des cahiers de notes colorés (dès 5,90 $), des agendas, des stylos. Mais aussi des albums photos, des carnets de recettes (pour y mettre les vôtres), des classeurs ou des boîtes pour devenir un pro du rangement (dès 12,90 $)… À l'heure d'Internet et des mails, voici des outils qui donnent envie de revenir au papier.

Wonderland

53 Haji Lane (F2)
M° Bugis
☎ 62 99 58 48
T. l. j. 12h-20h.

Des bougies parfumées, des jardins de poche, des kits à cupcakes, de grosses roses en papier (dès 9,90 $)… Tout est dit dans le titre : c'est bien un univers enchanteur qu'offre cette boutique. Et pour les petits creux, il y a le salon de thé au rez-de-chaussée et ses gâteaux gourmands.

Hwa Yi

36 Temple Street (D5)
M° Chinatown
☎ 62 26 31 28
T. l. j. 11h-20h.

Hwa Yi signifie « art chinois ». Et contrairement aux a priori, le *made in China* peut être très qualitatif ! La preuve avec cette collection de peignes, brosses, miroirs et baguettes faits main, en bois, absolument superbes (dès 30 $). En bois de santal (au parfum délicat), ou en sanglier, recouverts de peintures raffinées, ces objets aussi pratiques que décoratifs n'ont pas vocation à être cachés.

INSPIRATIONS ETHNIQUES

Amir & Sons

36 Kandahar Street (F2)
M° Bugis
☎ 67 34 91 12
Lun.-sam. 12h-19h, dim. 14h-18h.

Cet honorable marchand de tapis (depuis 1921) peut s'appuyer sur une grande collection, dont les pépites sont des tapis persans vintage. Certains sont centenaires… et très chers. Tous sont faits main, avec de superbes motifs. Le propriétaire, Taher Amir Khan, vous en expliquera toutes les subtilités. Les premiers prix démarrent à 1 000 $. Dans tous les cas, n'hésitez pas à négocier.

Sifr Aromatics

42 Arab Street (F2)
M° Bugis
☎ 62 92 19 66
www.sifr.sg
Dim.-jeu. 10h30-20h, ven.-sam. 10h30-21h.

Cette parfumerie se démarque de ses concurrentes. Par

son parti pris oriental : les parfums sont riches, puissants, envoûtants. Par sa déco : sur des murs en bois sombre, une myriade de petites étagères subliment les fragrances. De nombreux flacons vintage, dénichés aux quatre coins du monde, sont en vente. Vous pouvez demander un parfum sur mesure, pour 200 $. Comptez environ deux heures (sur rendez-vous uniquement).

Chinatown Seal Carving

228 South Bridge Road (F2)
M° Chinatown
☎ 65 34 11 28
www.chinasealcarving.com
T. l. j. 10h-18h30.

M. Lee Boon Chye, comme son père et son grand-père avant lui, sculpte à la main des cachets, ces petits sceaux gravés permettant de laisser une empreinte (de 25 à 100 $). Il perpétue ainsi une tradition chinoise qui remonte à plus de deux mille ans. En pierre, en plastique ou en bois, ces cachets peuvent être gravés à votre nom en caractères chinois, ou représenter les animaux du zodiaque chinois, parmi mille et une possibilités. Un livre montrant de multiples options pourra vous guider dans votre choix.

Rishi Handicrafts

58 Arab Street (F2)
M° Bugis
☎ 62 98 24 08
T. l. j. 10h-18h.

Des paniers, des paniers et encore des paniers. De toutes les tailles, de toutes les couleurs. Avec un point commun : tous sont en rotin. Et tous ont été fabriqués à la main par des artisans indonésiens. L'occasion d'offrir un cadeau sans se ruiner (de nombreux paniers sont à 20 $).

Basharahil House of Batik

101 Arab Street (F2)
M° Bugis
☎ 62 96 04 32
Lun.-sam. 10h-18h, dim. 11h-17h.

En 1939, l'arrière-arrière-grand-père de Dalilah Basharahil arrivait du Yémen, et ouvrait un commerce dédié au batik. L'entreprise fut si florissante qu'elle existe encore aujourd'hui. Pantalons, robes, étoles (15 $), chemins de table, sacs, tissus vendus au mètre... sont recouverts de ce motif coloré. Tout est fabriqué en Indonésie. Si vous voulez vous y mettre, vous pourrez acheter un *copper block* (50 $), un bloc de cuivre gravé, à tremper dans l'encre pour créer vos propres vêtements batik.

StyleMart

149-151 Selegie Road (D2)
M° Little India
☎ 63 38 20 73
www.e-stylemart.com
Lun.-sam. 11h-21h, dim. 12h-19h.

Cette boutique est spécialisée dans les robes indiennes. Brodées de motifs, en soie indienne, les *kebaya* (tenues longues) ou robes du soir sont ultra-glamour (de 250 à 2 500 $). Chaussures ornées de mille et un brillants, colliers, boucles d'oreille et bracelets opulents complètent cette silhouette flamboyante.

Rumah Bebe

113 East Coast Road (voir Visite 13)
M° Paya Lebar
☎ 62 47 87 81
Mar.-dim. 9h30-18h30.

Cette *shophouse* péranakane rend hommage à cette culture en vendant bijoux, vaisselle en porcelaine et jupes longues en soie richement brodées. Bebe Seet, la propriétaire, confectionne elle-même les chaussures ornées de perles en verre, décorées de motifs de fleurs, oiseaux ou papillons, perpétuant ainsi un art en voie de disparition. La vaisselle en porcelaine fournit de nombreuses idées cadeaux. Dans des tons vert olive, turquoise et fuchsia, souvent ornées du phénix ou de pivoines, ces assiettes (de 23 à 125 $, selon la taille) ou théières (58 $) sont uniques en leur genre.

Lim's Art & Living

Holland Road Shopping Centre, 211 Holland Av. (carte Île de Singapour)
M° Holland Village
☎ 64 67 13 00
www.lims.com.sg
T. l. j. 10h-20h30.

Énormément d'objets ethniques, de Chine, Thaïlande, Indonésie… à petits prix, et souvent de bon goût, pas kitsch. Vous trouverez par exemple des poteries péranakanes (8,90 $), des baguettes laquées (1 $ la paire), des paniers à riz en bambou, des sacs batik, de l'encens, des boîtes à bijoux, des portraits de Bouddha, des cages à oiseaux ou bien encore des poupées japonaises (12 $).

Cap sur Chinatown !

Si vous avez très peu de temps pour chercher des cadeaux à rapporter, Chinatown (D5) est une excellente solution. Parce que le choix y est vaste, la sélection souvent insolite et les prix tout petits. Une quantité incroyable d'**objets kitsch** se côtoient sur les étagères. Des tee-shirts estampillés *I love Singapore* ou frappés du Merlion aux montres Hello Kitty, en passant par les aimants, les porte-clés (10 $ les 6) ou les **vêtements chinois** en soie pour enfants et adultes. Moins kitsch, sur Pagoda Street, au n° 42, la marque Harnn vend des produits de beauté aux parfums envoûtants.
Au n° 42, Orchid Chopsticks propose une grande variété de baguettes. Au n° 56, Tintin Shop affolera les collectionneurs. Et partout dans la rue, vous pourrez demander à faire dessiner votre nom en **calligraphie chinoise.**
Les rues les plus intéressantes sont **Pagoda, Smith et Trengganu Streets,** de la fin de la matinée jusqu'à 22h.

Galeries d'art

Singapour ambitionne de devenir la capitale de l'art contemporain en Asie. L'ouverture en 2015 de la National Art Gallery qui expose des œuvres contemporaines d'artistes d'Asie du Sud-Est en est un signal fort. De fait, si vous aimez flâner de galerie en galerie, vous n'aurez que l'embarras du choix. Le prix peut être un frein à l'acquisition des œuvres exposées. Mais le plaisir des yeux, lui, est gratuit.

MAD (Museum of Art and Design)

Mandarin Gallery, #03-01
333A Orchard Road (C2)

M° Somerset
☎ 67 34 56 88
www.madmad.com.sg
T. l. j. 11h-21h.

Ce qui frappe dans cette galerie, c'est d'abord son éclectisme. On a beau chercher, on ne trouve pas de point commun entre des tableaux champêtres de corbeilles de fruits, les toiles aux contrastes de couleurs, riches en références historiques, du Chinois Li Shi Guang, ou les têtes en céramique funky de Nguyen Tuan.

Yang Gallery

Tanglin Shopping Centre, #02-41
19 Tanglin Road (A1)
M° Orchard
☎ 67 21 88 88
www.yanggalery.com.sg
T. l. j. 10h-19h.

Cette galerie a dans son catalogue quelques-uns des artistes de l'empire du Milieu parmi les plus brillants de leur génération. Peut-être serez-vous interpellés par les *Mao Missiles* de Liu Wei, des sculptures en fibre de verre étirées, déformées, hilarantes. Pleins d'humour également, et d'ironie, les portraits de bouddhas en train de s'esclaffer, de Yue Minjun. Plus sombres, les tableaux pop art aux références politiques de Lv Yanjun valent tout autant le coup d'œil.

Galerie Bartoux

ION, #01-12A/13
2 Orchard Turn (B2)
M° Orchard
☎ 66 34 88 06
www.galeries-bartoux.com
T. l. j. 10h-21h30.

En vitrine, des œuvres signées Warhol, Botero et Miró.

Que des originaux, bien sûr. À l'intérieur, des artistes moins cultes mais tout aussi talentueux, et un peu plus accessibles. À admirer : les corps en bronze « déchiquetés » de Bruno Catalano ou les pandas couverts de graffitis de Julien Marinetti.

Utterly Art

20B Mosque Street, #3 (D5)
M° Chinatown
☎ 94 87 20 06
www.utterlyart.com.sg
Lun.-sam. 12h-20h,
dim. 12h-17h30.

Ce showroom bien caché offre une intéressante introduction à l'art singapourien, notamment à ses jeunes talents. Par manque de place, de nombreux tableaux sont empilés contre les murs, mais le propriétaire

vous les montrera avec plaisir. Également une jolie sélection de peintures philippines. Les prix sont loin d'être exorbitants (dès 100 $).

Maya Gallery

666 North Bridge Road (E2/F2)
M° Bugis
☎ 62 91 17 60
www.mayagallery.com.sg
Lun.-sam. 11h-18h,
dim. sur rendez-vous seulement.

Cet espace présente de l'art contemporain singapourien, mais aussi malais ou indonésien. Peintures, sculptures et photographies s'affichent sur deux étages. Le samedi, l'artiste Idris Modh Ali se propose de réaliser votre portrait au crayon (30 $). Si vous avez la fibre créatrice, vous pourrez prendre un cours de batik et repartir avec votre réalisation (pour 15 $).

L'Art-2 Gallery

Old Hill Street Police Station,
#01-03
140 Hill Street (D4)
M° Clarke Quay
☎ 63 38 87 13
www.art2.com.sg
Lun.-sam. 11h-19h.

Peintures, sculptures, céramiques et lithographies, cette petite galerie ne choisit pas, en proposant tous ces médiums à la vue des visiteur et en mélangeant jeunes talents et artistes confirmés. Deux points communs néanmoins : l'origine géographique des artistes, le Sud-Est asiatique, et l'abstraction retrouvée en fil rouge dans chacune des œuvres.

Art Plural Gallery

38 Armenian Street (D3)
M° City Hall
☎ 66 36 83 60
www.artpluralgallery.com
Lun.-sam. 11h-19h.

Un superbe bâtiment Art déco, tout blanc, qui décline sur quatre étages et plus de 1 100 m² les œuvres des superstars de l'art et du design (Damien Hirst, Jaume Plensa, Ron Arad…). Le marchand d'art suisse Frédéric de Senarclens, à l'origine du projet, dévoile à côté de ces pointures des talents émergents.

Ateliers d'artistes

De charmants bungalows en noir et blanc noyés dans la verdure : voilà un cadre propice à la création ! C'est ce qu'ont dû penser de nombreux artistes, peintres, photographes, sculpteurs venus installer leurs ateliers à Wessex Estate. Certains ateliers, comme D'Art Studio, ouvrent leurs portes toute l'année aux visiteurs. Une occasion en or de plonger dans le processus de création.

Wessex Estate off Portsdown – 5 Westbourne Road, #02-03
(carte Île de Singapour) – Blenheim Court
M° Queenstown
D'Art Studio : ☎ 64 79 79 06
www.d-artstudio.com.sg
Lun.-sam. 11h-18h
Accès libre.

Les malls, une véritable institution

Faire ses emplettes, dîner dans un *food court* ou un restaurant gastronomique, regarder le dernier blockbuster, s'essayer au patin à glace ou à l'escalade… Tout est possible dans les malls singapouriens, centres commerciaux gigantesques et multi-fonctions. La ville en aurait plus de 200 !

De Tangs à ION

Ouvert en 1958 sur Orchard Road, Tangs est le plus ancien mall de Singapour. Des dizaines d'autres lui ont emboîté le pas dans les années 1970, modifiant profondément le visage de la ville. Et cette frénésie de shopping ne semble pas près de s'arrêter ! Depuis 2009, Orchard Central, 313@ Somerset, Mandarin Gallery, et l'emblématique ION, ont essaimé sur Orchard Road. Il faut venir en décembre, quand l'avenue s'illumine, décorée de sapins vertigineux. Sous Orchard Road, les malls sont reliés entre eux par des connexions souterraines.

Copies conformes

Les malls sont pris d'assaut le week-end par des Singapouriens désireux de faire des emplettes, manger ou échapper à la chaleur. Tous suivent le slogan de Tangs : « le meilleur sous le même toit ». Avec une climatisation poussée au maximum, ces labyrinthes ont chacun des centaines de boutiques, restaurants, ou attractions (cinéma, aire de jeux pour enfants…) pour retenir leurs clients le plus longtemps possible. Seul bémol : leur manque de créativité ! On retrouve les mêmes marques qu'à Paris, Londres ou New York. Les Top Shop, H&M ou Zara se dupliquent, encore et encore…

Feng shui et patinoire

Certains malls sortent toutefois du lot. Suntec City, par exemple, construit en accord avec les principes feng shui : ses cinq tours représentent les cinq doigts de la main gauche ; au milieu de la « paume », une immense fontaine, symbolisant la prospérité. Cette massive structure en bronze couvre 1 600 m^2 (une taille qui lui a valu d'entrer dans le Guinness des records, au titre de « plus grande

fontaine du monde » !). Les jets d'eau sont en action chaque jour de 9h à 22h. Les visiteurs sont invités à tourner autour pour provoquer leur chance. Autre mall, autre pointe d'originalité : **The Shoppes at Marina Bay Sands,** entièrement vitré, est inondé par la lumière naturelle. Il contient une patinoire sans glace et un canal imitant ceux de Venise, avec tour en « gondole » proposé aux amateurs.

Rêves d'architectes

Si Tangs tire son inspiration des palaces chinois, avec ses colonnes rouges et son toit s'est inspiré de la nature, créant une façade tout en vagues, censée évoquer l'océan. Le mall comprend, outre ses centaines de boutiques de mode, le magasin vitrine de National Geographic, un cinéma, une aire de jeux en plein air, un amphithéâtre et une piscine sur le toit. Sur Victoria Street, **Bugis+** capte les regards avec sa façade sensuelle, toute en courbes, et ses milliers de petits cubes blancs, assemblés comme un puzzle géant, qui s'éclairent la nuit. Autre bijou architectural, **Orchard Central,** un mall vertical. Couvert de triangles de métal brillant sous le soleil,

en tuiles vertes, de nombreux architectes ont planché sur les malls plus récents. Implanté en face de l'île de Sentosa, **VivoCity** est le plus grand centre commercial de Singapour. L'architecte japonais Toyo Ito ses douze niveaux peuvent être rejoints par quatre escalators extérieurs, comme « accrochés » à la façade. Pour l'anecdote, ce mall contient un mur d'escalade, pour ceux qui seraient fatigués du shopping...

Carnet d'adresses

Tangs
310 Orchard Road (B2)
M° Orchard
www.tangs.com.sg

Orchard Central
181 Orchard Road (C2)
M° Somerset
www.orchardcentral.com.sg

313@Somerset
313 Orchard Road (C2)
M° Somerset
www.313somerset.com.sg

Mandarin Gallery
333A Orchard Road (C2)
M° Somerset ou Orchard
www.mandaringallery.com.sg

ION
2 Orchard Turn (B2)
M° Orchard
www.ionorchard.com

Suntec City
3 Temasek Boulevard (E3)
M° Esplanade ou Promenade
www.sunteccity.com.sg

The Shoppes at Marina Bay Sands
10 Bayfront Avenue (F4-5)
M° Bayfront
www.marinabaysands.com

VivoCity
1 Harbourfront Walk (carte Sentosa)
M° Harbour Front
www.vivocity.com.sg

Bugis+
201 Victoria Street (E2)
M° Bugis
www.bugis-plus.com

Sortir
mode d'emploi

On sort où ?

Pour une **soirée décontractée,** en jean et tee-shirt, les bars de Boat Quay et Clarke Quay tiennent la corde ; la foule s'y presse tous les soirs de la semaine. Pour une **soirée jazzy et plus chic,** cap sur le B28, à Chinatown, ou le Blu Jaz Cafe, dans Kampong Glam. Pour écouter de la **musique classique,** foncez à l'Esplanade Theatres on the Bay. Pour faire la fête **sur les toits,** Loof (dans Colonial District) et Orgo (dans CBD) ont de sérieux arguments : le panorama y est spectaculaire ! Enfin, pour **danser toute la nuit,** direction Marina Bay et le Pangaea.

Demandez le programme

Vous pouvez consulter le **site de l'office du tourisme :** www.yoursingapore.com (et son application *Your Singapore Guide*). Gratuit et disponible à l'aéroport et dans les offices du tourisme, le fascicule *Where Singapore / Your Quarterly Guide* répertorie tous les événements du trimestre à venir.

Réserver un spectacle

Les **tarifs** sont très variables d'une salle à l'autre : de 90 à 200 $ pour une comédie musicale, environ 120 $ pour un concert, et de 30 à 70 $ pour une pièce de théâtre. Dans l'idéal, mieux vaut réserver pour être sûr d'avoir de la place. C'est le cas aussi pour le cinéma où les places sont numérotées.

Sistic (www.sistic.com.sg – ☎ 63 48 55 55), permet de réserver spectacles, comédies musicales, pièces de théâtre, rencontres sportives… Sur place, rendez-vous dans les **Visitors Centres** (voir p. 129).

SE REPÉRER

Nous avons indiqué pour chaque adresse Sortir sa localisation sur le plan général (B2, G8…). Pour un repérage plus facile en préparant votre week-end ou lors de vos balades, nous avons signalé sur le plan par un symbole violet toutes les adresses de ce chapitre. Le numéro en violet signale la page où elles sont décrites.

Notre Top des bars sur les toits

New Asia Bar
Colonial District – *Voir p. 117.*

Loof
Colonial District – *Voir p 118.*

Orgo
Marina Bay – *Voir p. 120.*

1-Altitude
Central Business District – *Voir p. 120.*

Lantern
Central Business District – *Voir p. 119.*

Level 33
Hors visite – *Voir p. 121.*

Notre Top des lieux où écouter de la musique

Blu Jaz Cafe
Kampong Glam – *Voir p. 117.*

Timbre
Colonial District – *Voir p. 118.*

Vault
The Quays – *Voir p. 118.*

Harry's @ Dempsey Hill
Dempsey Hill – *Voir p. 121.*

Spécial insomniaques

Que vous vouliez acheter des fruits, un téléphone portable, changer de l'argent, ou réserver un vol vers une île voisine, le grand centre commercial Mustafa Centre, qui ne ferme jamais ses portes, saura répondre à toutes vos envies.

Mustafa Centre : 145 Syed Alwi Road (E1) – ☎ 62 95 58 55 – www.mustafa.com.sg – 24h/24.

Pour une promenade sous les étoiles, le Jardin botanique reste ouvert jusqu'à minuit... et réouvre à 5h.

Singapore Botanic Gardens : 1 Cluny Road (carte Île de Singapour) – www.sbg.org.sg – Voir p. 38.

Pour tenter sa chance, les deux casinos Marina Bay Sands et Resorts World Sentosa sont ouverts toute la nuit.

Marina Bay Sands – 10 Bayfront Avenue (F4-5) – ☎ 66 88 88 68 – www.marinabaysands.com Voir p. 50.
Resorts World Sentosa : 8 Sentosa Gateway (carte Sentosa) – ☎ 65 77 88 88 – www.rwsentosa.com – Voir p. 28.

Pour savourer une spécialité locale... en pleine nuit, cap sur le Newton Food Centre, ouvert tous les jours de 18h à 4h.

Newton Food Centre : 500 Clemenceau Avenue North (C1).

Pour courir quand d'autres dorment, vous avez le choix entre l'Energizer Singapore Night Trail, une course dans la jungle, et le Sundown Marathon, tous les deux en mai.

www.singaporenighttrail.com.sg – www.sundownmarathon.com

Bars et clubs

1 - 28 Hongkong Street
2 - Tippling Club
3 - Blu Jaz Cafe
4 - B28

Orchard Road

Visite 1 – p. 10

Jibiru Japanese Craft Beer Bar

313@Somerset, #01-26
313 Orchard Road (C2)
M° Somerset
☎ 67 32 68 84
www.jibiru.com
Dim.-jeu. 11h30-23h, ven.-sam. 11h30-1h.

À l'entrée du mall 313@ Somerset, des bars en file indienne attendent le serial shoppeur fatigué. Celui-ci a une obsession : la **bière japonaise.** Au riz rouge, au chocolat ou au gingembre, les amateurs pourront goûter aux classiques, comme aux plus insolites. Régulièrement, des éditions limitées jouent les *guest stars* (dès 10 $).

Outdoors Cafe & Bar

Peranakan Place
180 Orchard Road (C2)
M° Somerset
☎ 67 38 88 98
www.peranakanplace.com
Dim.-jeu. 11h-2h, ven.-sam. 11h-3h.

Les **terrasses** sur Orchard Roa sont très rares. Celle-ci, tout e bois, est d'autant plus rafraîchis sante qu'elle sert des **mojito fruités** (15 $). Étonnamment, l lieu reste relativement préserv de la fureur du boulevard.

No. 5 Emerald Hill

5 Emerald Hill Road (C2)
M° Somerset
☎ 67 32 08 18
www.emerald-hill.com
Lun.-jeu. 12h-2h, ven.-sam. 12h-3h, dim. 17h-2h
2 martinis pour 16 $ de 21h à 1h.

Ouvert depuis 1991, ce ba hébergé dans une ***shophous***

éranakane datant de 1910, égage un charme rustique. 'autant plus qu'ici les clients ont encouragés à jeter leurs oquilles de cacahuètes sur e sol ! Les bières, cocktails et utres breuvages sont accompa-nés de délicieux snacks, dont es chicken wings, la spécialité e la maison.

Chinatown
Visite 3 – p. 14

328

he Club Hotel
8 Ann Siang Road (D5)
I° Tanjong Pagar
☎ 90 26 34 66
www.btwentyeight.com
Mar.-sam. 17h-1h.

Mur en briques, fauteuils baroques, éclairage tamisé, bons whiskies, sessions live de jazz pétillant (le vendredi soir) donnent l'illusion de se retrouver dans l'une des scènes de *Sur la route*, le fameux roman de Jack Kerouac. Derrière le comptoir, c'est une barmaid, alias Aubrey Sim, qui prépare des cocktails *old school* (15 à 25 $).

Tabac

Il est interdit de fumer dans les bars. Dans la rue, cette interdiction est levée. Par contre, pas question de jeter votre mégot par terre, vous vous exposeriez à une amende. Boire de l'alcool dans la rue est autorisé (pour les plus de 18 ans). Veillez simplement à rester calme et à ne pas provoquer de bagarre. Les Singapouriens sont prompts à signaler à la police tout comportement « déviant ».

Tippling Club

38 Tanjong Pagar Road (D5)
M° Tanjong Pagar
☎ 64 75 22 17
www.tippingclub.com
Lun.-sam. 12h-minuit.

Ce restaurant-bar occupe trois *shophouses* et joue les contrastes avec une déco chic-industrielle et une palette de vingt verts déclinés à travers tout l'espace. Les cocktails (18-25 $) sont superbes, ultra-colorés, et présentés de manière ludique, par exemple dans une bouteille de parfum ou un vase asymétrique.

Kampong Glam
Visite 4 – p. 16

Blu Jaz Cafe

11 Bali Lane (F2)
M° Bugis
☎ 62 92 38 00
www.blujaz.net
Dim.-jeu. 12h-minuit,
ven. 12h-2h, sam. 16h-2h.

La déco ne se prend pas au sérieux : murs peints en bleu et jaune, avec d'immenses graffitis, tables rouges, vertes ou jaunes. Le reste est à l'avenant : vous pouvez arriver en jean et tee-shirt, on ne vous regardera pas de haut. Les meilleurs moments pour venir sont les mercredis, vendredis et samedis, dès 21h30, pour les concerts live de jazz, blues ou R'n'B (cocktails de 13 à 15 $).

Bar Stories

55/57a Haji Lane (F2)
M° Bugis
☎ 62 98 08 38
www.barstories.com.sg
Dim.-jeu. 15h-1h (2h dim.).

Ce petit bar ne propose pas de menu. Les barmen préparent uniquement des cocktails sur mesure (de 20 à 25 $), en fonction de l'humeur du client. Que vous vouliez quelque chose de

doux ou de plus punchy, avec des fruits ou du chocolat, avec une liqueur en particulier... Vous pouvez revenir plusieurs fois, mais vous ne boirez jamais deux fois la même chose !

Colonial District
Visite 6 – p. 20

New Asia Bar

Swissôtel the Stamford, 71e étage
2 Stamford Road (E3)
M° City Hall
☎ 91 77 73 07
Mer.-jeu 17h-2h, ven.-sam. 17h-3h, dim.-mar. 17h-1h
Cocktails 15-18 $.

Sans aucun doute un des plus beaux bars perchés d'Asie : 71 étages au-dessus du sol, il offre de spectaculaires points de vue. Les DJ résidents y jouent des tubes du moment et des morceaux des années 1980. Happy hour t. l. j. 17h-21h.

The Auld Alliance

Chijmes, #01-08
30 Victoria Street (E3),
M° City Hall
☎ 63 37 22 01
Lun.-jeu. 17h-1h (2h ven.-sam.).

Attablé au bar ou enfoncé dans un des fauteuils Chesterfield de la *Library Room*, vous viendrez ici pour une seule et même raison : déguster l'un des 1 000 whiskies à la carte (à partir de 12 $). Parmi les flacons, tous les représentants des distilleries écossaises, des crus vintage de 1936 à 2000, et 120 raretés japonaises !

Timbre

The Arts House
1 Old Parliament Lane (E4)
M° Clarke Quay
☎ 63 36 33 86
www.timbre.com.sg
Lun.-jeu dès 16h, ven.-sam. dès 17h.

Le meilleur endroit pour écouter de la musique live. Perché sur un tabouret, sur la terrasse toujours emplie, vous commandez à boire et à manger en quelques clics sur l'iPad qui vous est fourni (cocktail 13 $). Sur la scène extérieure, en bord de rivière, les groupes locaux délivrent un répertoire rock et pop.

Loof

Odeon Towers, #03-07, extension rooftop
331 North Bridge Road (E3)
M° Bras Basah
☎ 97 73 93 04
www.loof.com.sg
Lun.-jeu. 17h-1h, ven.-sam. et veilles de jours fériés 17h-3h.

Une terrasse sur le toit avec vue plongeante sur l'hôtel Raffles. Quatre énormes arbres et un mur végétal en font un sanctuaire zen. Des DJ résidents animent le lieu. Côté boissons : sélection de bières asiatiques (13 $), et cocktails au gingembre, au piment et même avec une petite note de sauce soja !

The Quays
Visite 7 – p. 24

Vault

23 Circular Road (D4)
M° Clarke Quay
☎ 62 22 50 01
Mer.-sam. 19h30-1h
Bières : 16 $.

Vault a déménagé sur Boat Quay, mais conserve son parti pris new-yorkais, avec briques émaillées, bronze patiné et musique noire américaine. Quel bonheur de réentendre les tubes des stars de la Motown telles que James Brown, The Temptations ou Aretha Franklin !

Brewerkz

Riverside Point, #01-05/06
30 Merchant Road (D4)
M° Clarke Quay
☎ 64 38 74 38
www.brewerkz.com.sg
Lun.-jeu. et dim. 12h-minuit, ven.-sam. 12h-1h.

Cette grande terrasse en bord de rivière est *the place to beer.* D'abord parce que la fabrication du liquide blond, ambré ou brun a lieu sur place. Ensuite parce que les prix sont très raisonnables (la bière de la semaine, 50 cl, est à 2 $ avant 18h, 3 $ après). Enfin parce que l'ambiance est très conviviale.

Wine Connection

Robertson Walk, #01-19/20,
11 Unity Street (C3)
M° Clarke Quay
☎ 62 38 12 79
www.wineconnection.com.sg
Lun.-jeu. 11h30-14h, ven.-sam. 11h30-3h, dim. 11h30-minuit.

Tabourets hauts, éclairage à la bougie, murs de briques rouges et sol en béton insufflent u[n] esprit loft new-yorkais. Cett[e] adresse est parfaite pour boir[e] du vin sans y laisser toute[s] ses économies (ce breuvag[e] étant habituellement très che[r] à Singapour). La sélection d[e] trente vins servis au verre (d[e] 7 à 14 $) s'accompagne de jolie[s] tapas.

Attica

Clarke Quay, #01-03
3A River Valley Road (D4)
M° Clarke Quay
☎ 63 33 99 73
www.attica.com.sg
Dim.-mar. 17h-2h, jeu. 17h-3h, mer. et ven.-sam. 17h-4h
Entrée : 30 $ avec deux boissons.

Sur Clarke Quay, Singapourien[s] et expatriés se retrouvent su[r] la piste de danse de ce club[.] Derrière la façade en béto[n] brut, une clientèle plutôt jeun[e] se défoule au son des tubes d[u] moment.

Verre

8 Rodyk Street (C3)
M° Clarke Quay
☎ 65 09 19 17
www.verre.com.sg
Lun.-jeu. 17h-minuit, ven. 17h-1h[,] sam. 15h-1h, dim. 15h-23h.

Impossible de la rater : au centr[e] de ce bar à vins, une tour tou[t] en verre hébergeant plus d[e] 1 000 bouteilles attire tous le[s]

1 - *Butter Factory*
2 - *Wine Connection*
3 - *Brewerkz*

'egards. Parmi elles, une majo-ité de bordeaux et de bour-jogne. Et une grande sélection le vins au verre (dès 14 $). À léguster sur une table en bord le rivière, avec une assiette de 'romage et de charcuterie.

28 Hongkong Street

'8 Hongkong Street (D4)
ʌ° Clarke Quay
☎ 65 33 20 01
www.28hks.com
.un.-jeu. 17h30-1h,
ven.-sam. 17h30-3h.

Ce bar pousse la discrétion à son paroxysme : le nom de l'éta-blissement ne figure pas sur la porte d'entrée beige… et pour-tant, il joue à guichets fermés ! Car cet endroit « secret » a, en plus d'une bonne playlist rock, des cocktails incroyables (de 15 à 22 $), comme le whore's back, un mélange vodka au miel de manuka, liqueurs de prune et de poire, et citron.

Central Business District (CBD)

Visite 8 – p. 26

Post Bar

The Fullerton Hotel
1 Fullerton Square (E4)
M° Raffles Place
☎ 68 77 81 35
www.fullertonhotel.com
T. l. j. 12h-2h.

Vous êtes ici dans l'ancienne poste de Singapour, avec pla-fond et boîtes aux lettres rouge grenat d'époque. Le mobilier élégant apporte la touche de modernité. L'après-midi, l'atmosphère est paisible. À l'intérieur ou dans le jardin, vous pourrez piocher parmi une col-lection de huit réinterprétations du singapore sling (autour de 20 $), à l'amande, à la noix de coco, à la pêche ou aux lychees.

Lantern

The Fullerton Bay Hotel
80 Collyer Quay (E5)
M° Raffles Place
☎ 63 33 83 88
www.fullertonbayhotel.com
Dim.-jeu 8h-1h, ven.-sam. 8h-2h.

Ce bar tire son nom de l'ancien nom du port, « Red Lantern ». C'était là qu'arrivaient les pre-miers immigrants, qui savaient, en apercevant les lanternes rouges, que leur long voyage prenait fin. Aujourd'hui, les visi-teurs pourront siroter une coupe de champagne sur le toit avec piscine (réservée aux clients de l'hôtel).

1 - Harry's @ Dempsey Hill
2 - 1-Altitude
3 - Butter Factory
4 - Orgo

1-Altitude

61-63/F One Raffles Place
1 Raffles Place (E4)
M° Raffles Place
☎ 64 38 04 10
Lun.-jeu. 18h-1h, ven.-sam. 18h-2h, dim. 18h-1h
Entrée : 20 $ avec une boisson.

Avec ses 282 m d'altitude, ce bar dépasse de la tête et des épaules tous ses concurrents. Le panorama s'offre d'autant mieux aux regards que des vitres en verre encerclent le bar. Il faut venir au coucher du soleil, pour observer la ville « s'allumer ». Pour l'anecdote, au niveau inférieur, les amateurs pourront s'exercer au golf, sur un simulateur.

Butter Factory

One Fullerton, #02-02/03/04
1 Fullerton Road (E4)
M° Raffles Place
☎ 63 33 82 43
www.thebutterfactory.com
Mer. 23h-4h, ven.-sam. 23h-6h
30 $ pour les femmes, 35 $ pour les hommes.

Deux salles, avec une déco arty (tabourets en métal, mur recouvert de coupures de journaux et dessins de personnages de BD...) dans cette boîte de nuit éclectique. Dans la première, Bump, hip hop et R'n'B sont à l'honneur. Dans la seconde, l'Art Bar, c'est l'électro qui domine.

Sentosa
Visite 9 – p. 28

Tanjong Beach Club

120 Tanjong Beach club (carte Sentosa)
☎ 62 70 13 55
www.tanjongbeach-club.com
Mar.-ven. 11h-23h,
sam.-dim. 10h-minuit.

Ce bar au look rétro a un atout de taille : l'étendue de sable qui s'étend à ses pieds. Les clients ont donc droit à une vue mer, mais aussi une piscine, un terrain de beach-volley, une cuisine iodée, des cocktails fruités... Le petit plus : les frites à la truffe, divines (15 $) !

St James Power Station

3 Sentosa Gateway, #01-01 (carte Sentosa)
☎ 62 70 76 76
www.stjamespowerstation.com
T. l. j. 17h-6h.

Avec ses 5 500 m², c'est la plus grande discothèque de Singapour. Hébergée dans une ancienne centrale électrique, sa façade impressionne. À l'intérieur, idem : une foule d'espaces sont hébergés sous le même toit. Dans telle salle, vous écouterez du jazz, dans telle autre, de la pop chinoise, un peu plus loin de la musique latine ou de la dance. Il y a même un karaoké.

Marina Bay
Visite 11 – p. 32

Orgo

Esplanade Theatres on the Bay, #04-01
8 Raffles Avenue (E4)

M° Esplanade
☎ 63 36 93 66
www.orgo.sg
T.l.j. 18h-2h.

Un **superbe bar perché** sur le toit d'un des bâtiments emblématiques de la ville. Tout en verre, il permet aux clients de voir et d'être vus, et d'admirer, de nuit, un panorama étincelant sur les gratte-ciel du Central Business District. Le bonus : les martinis fruités (18 à 30 $), étonnants.

Supertree by Indochine

Gardens by the Bay, #03-01
18 Marina Gardens Drive (F5)
M° Bayfront
☎ 66 94 84 89
www.indochine.com.sg
Dim.-jeu. 10h-1h,
ven.-sam. 10h-2h.

Posé à 50 m du sol, **ce bar squatte l'un des Supertrees** des Gardens by the Bay, ces géants d'acier et de chlorophylle. En plein air, le panorama est idyllique, sur les jardins d'un côté, les gratte-ciel de l'autre. Cocktails à 19 $.

Pangaea

Marina Bay Sands / South Crystal Pavilion, #B2-05
2 Bayfront Avenue (E5)
M° Bayfront
☎ 86 11 70 13
www.pangaea.sg
Jeu.-sam. 22h-à l'aube
Entrée : 40 $.

Installé dans un pavillon posé sur l'eau, animé par les meilleurs DJ, ce **night-club** se revendique « le plus luxueux du monde ». Plafond recouvert de 20 000 ampoules, canapés en cuir de crocodile ou en autruche, podiums en granit, le cadre séduit les *rich and famous*. La facture est à la hauteur : de 1 500 à 15 000 $ pour réserver une table (même si le ticket d'entrée est bien moins cher).

Dempsey Hill

Visite 14 – p. 38

RedDot Brewhouse

Block 25A Dempsey Road, #01-01
M° Farrer Road
☎ 64 75 05 00
www.reddotbrewhouse.com.sg
Dim.-jeu. 12h-minuit,
ven.-sam. 12h-2h.

Une **brasserie** dans le cadre verdoyant de Dempsey. Trois bons points : le bâtiment colonial, datant de 1860, restauré avec quelques-unes des briques d'origine. La terrasse, invitant à la paresse ; et les bières, plutôt originales.

Harry's @ Dempsey Hill

Block 11 Dempsey Road, #01-17A
M° Farrer Road
☎ 64 71 90 19
www.harrys.com.sg
Lun.-ven. et veilles de jours fériés 16h-1h, sam.-dim. 12h-1h.

Une **terrasse agréable noyée dans la verdure.** De nombreux locaux se retrouvent ici pour décompresser après une journée de boulot, une pinte de bière (12-14 $) à la main. L'endroit est plus cosy, moins tapageur que l'autre Harry's, situé sur Boat Quay. Du jeudi au samedi, le chanteur Randolph Arriola anime les soirées.

Hors visite

Zouk

17 Jiak Kim Street (C3)
M° Clarke Quay
☎ 67 38 29 88
www.zoukclub.com
Mar.-jeu. 18h-4h, ven.-sam. 21h-4h
Entrée : 40 $ avec deux boissons.

Le Zouk truste toutes les listes élisant les **meilleurs clubs du monde,** au même titre que ses rivaux d'Ibiza ou de Miami. Ce qui fait son succès, c'est sa programmation : Carl Cox, David Guetta, Laurent Garnier… Tous les grands DJ sont passés par là.

Level 33

Marina Bay Financial Centre
Tower 1, #33-01,
8 Marina Boulevard (E5)
M° Raffles Place
☎ 68 34 31 33
www.level33.com.sg
Dim.-jeu. 12h-minuit,
ven.-sam. 12h-2h.

Le quartier des affaires déborde de bars avec vue. Celui-là ne déroge pas à la règle. **Perché à 156 m au-dessus du sol,** il propose toute une palette de bières (9,33 $ les 30 cl) brassées sur site. Leur point commun : s'inspirer de recettes authentiques européennes.

Classique, danse et théâtre

1 - The Arts House
2 - Chinese Theatre Circle
3 - The Substation
4 - The Arts House

Esplanade – Theatres on the Bay

1 Esplanade Drive (E4)
M° Esplanade
☎ 68 28 83 77
www.esplanade.com

Ouvert en 2002, avec un coût de travaux avoisinant les 600 millions de dollars, Esplanade s'est très vite autoproclamé premier centre artistique d'Asie, osant même se mesurer au Sydney Opera House. Une chose est sûre, c'est ici que vous pourrez applaudir des **spectacles de danse, musique** (notamment la saison du Singapore Symphony Orchestra) et **théâtre.**

Victoria Theatre and Concert Hall

11 Empress Place (E4)
M° Raffles Place
☎ 63 38 44 01
www.vch.org.sg

Mairie, hôpital, tribunal de crimes de guerre… le lieu a connu plusieurs vies. Aujourd'hui, la haute société se presse pour aller écouter et regarder **musique classique et grandes pièces du répertoire théâtral.** Les deux bâtiments de style Renaissance italienne, reliés par une horloge n'ayant jamais cessé d'égrener l'heure depuis 1906, méritent le détour à eux seuls.

The Substation

45 Armenian Street (D3)
M° City Hall
☎ 63 37 75 35
www.substation.org

Cette ancienne centrale électrique est le meilleur endroit pour découvrir de **jeunes talents de la scène artistique locale.** Toute la scène indie s'y donne rendez-vous. Théâtre expérimental, lecture de poèmes, festival de courts-métrages, concert de rock… Tous les genres sont représentés, mais toujours dans un esprit avant-gardiste.

The Arts House

1 Old Parliament (E4)
M° City Hall
☎ 63 32 69 00
www.theartshouse.com.sg

Ce centre met à l'honneur **littérature, théâtre, cinéma et musique.** Les visiteurs prennent place dans un endroit solennel, là où les politiques débattaient lorsque le lieu était encore le Parlement. Parmi les rendez-vous mensuels intéressants, *But is the Book better?*, des débats sur le processus de création, du livre au film, ou *New Word Order*, qui présente des nouveaux talents de la scène littéraire asiatique. Le premier lundi de chaque mois, *Living with* dévoile, dans une salle intimiste (75 places), des performances au piano d'une heure.

Casino de Marina Bay Sands

10 Bayfront Avenue (E4)
M° Bayfront
☎ 66 88 88 97
www.marinabaysands.com
T. l. j. 24h/24.

On dénombre **1 500 machines à sous et 600 tables de jeux** (baccarat, roulette, poker, blackjack…) sur quatre niveaux, dans un **décor luxueux.** Les Asiatiques étant par nature très joueurs, le casino demande un droit d'entrée de 100 $ aux locaux, histoire de réfréner leurs ardeurs. Pour les étrangers, en revanche, l'entrée est gratuite (carte d'identité obligatoire).

NUS Centre for the Arts

50 Kent Ridge Crescent (carte Île de Singapour)
M° Clementi
☎ 65 16 24 92
www.nus.edu.sg/cfa
Accès libre pour la plupart des événements.

Les **étudiants** du plus grand campus de Singapour organisent tout au long de l'année des **spectacles de théâtre, danse ou musique classique.** En mars, ne manquez pas le NUS Arts Festival. Les talentueux artistes amateurs (étudiants ou diplômés) proposent un mois de spectacles (opéra chinois, musique électronique, jazz, etc.), dont certains gratuits.

Chinese Theatre Circle

5 Smith Street (D5)
M° Chinatown
☎ 63 23 48 62
www.ctcopera.com
Spectacles ven.-sam. 19h-21h avec dîner (40 $), 20h-21h avec un thé et un en-cas (25 $)

Combinaison de danse, chant, musique, acrobatie et mime, avec ses maquillages et ses costumes chatoyants, l'**opéra chinois** est un art mystérieux et envoûtant. Cette troupe s'emploie à « démocratiser » ses performances en les sous-titrant en anglais. De quoi les rendre plus accessibles aux non-initiés.

DBS Arts Centre

20 Merbau Road (C4)
M° Clarke Quay
☎ 67 33 81 66
www.srt.com.sg

Le Singapore Repertory Theatre fait jouer à ses acteurs asiatiques des **pièces du répertoire mondial en même temps que des œuvres originales.** Le théâtre, d'une capacité de 380 places, permet des performances intimistes. Au printemps, les artistes se rendent sur les allées vertes du Fort Canning Park pour jouer *Othello*, *Le Marchand de Venise* et autre *Macbeth* lors du **festival Shakespeare in the Park.**

Grand Theatre et Sands Theatre

Marina Bay Sands
10 Bayfront Avenue (F4-5)
M° Bayfront
☎ 66 88 88 26
www.marinabaysands.com

Marina Bay Sands possède non pas un, mais **deux théâtres, de 1 679 et 2 155 sièges.** Un format qui leur permet d'accueillir des poids lourds de la comédie musicale. Les salles programment aussi des spectacles de magie, des pièces de théâtre et même un festival de jazz.

Concerts gratuits

Les vendredis, samedis et dimanches soir, la **scène installée devant Esplanade-Theatres on the Bay** accueille des groupes, offrant aux passants des prestations de qualité sans avoir à débourser le moindre dollar.
Le dimanche après-midi, le **Jardin botanique** organise autour de son **Symphony Lake** (et nulle part ailleurs) des concerts, de musique classique en général, pour le plus grand bonheur des pique-niqueurs et promeneurs.

Carnet pratique

Sur les cartes du chapitre Visiter, ces symboles signalent les adresses: 000 Où manger — 000 Shopping — 000 Sortir

Ils donnent le numéro de la page où vous pourrez lire la description détaillée de chaque établissement.

Quand partir ?

Les Singapouriens ne connaissent pas le concept de saisons, c'est l'été toute l'année. La situation géographique, juste au nord de l'Équateur, entraîne chaleur et moiteur (le taux d'humidité tourne souvent autour de 90 %), et le thermomètre oscille entre 23 et 32 °C… Ne comptez pas sur les nuits pour vous rafraîchir : elles sont (presque) aussi brûlantes que les jours.

SE RENSEIGNER AVANT DE PARTIR

- **Office du tourisme de Singapour :** www.yoursingapore.com
- **Ambassade de Singapour :** 16, rue de Murillo, 75008 Paris ☎ 01 56 79 68 00 www.mfa.gov.sg/paris-french

PENSEZ-Y

FORMALITÉS

Les titulaires d'un passeport français n'ont pas besoin de visa pour se rendre à Singapour pour un séjour de moins de 3 mois, à condition de remplir les conditions suivantes :

- être en possession d'un passeport valide plus de 6 mois après la date d'entrée à Singapour ;
- avoir un vol de retour confirmé ;
- disposer de suffisamment d'argent pour la durée du séjour.

ASSURANCE

Prévoyez une assurance rapatriement, qui vous sera utile en cas d'accident grave. Les voyagistes la proposent systématiquement, comprise ou non dans le forfait. De plus, un certain nombre de cartes de crédit incluent cette assurance dans leurs avantages. Renseignez-vous auprès de votre banque.

SANTÉ

Aucun vaccin n'est obligatoire pour entrer à Singapour. Le système de santé est excellent. En revanche, le prix des soins est très élevé. Mieux vaut être couvert par une assurance, au cas où. Aucun cas de malaria n'a été recensé depuis des années. En revanche, la dengue n'a pas disparu, un spray anti-moustiques est donc utile.

Pour les urgences sur place : ☎ 995.

DOUANE

Pour pouvoir entrer sur le sol singapourien, la déclaration de douane distribuée dans l'avion doit être complétée et remise à l'officier d'immigration à votre arrivée.

Parmi les articles interdits de séjour : le chewing-gum, les drogues, les publications pornographiques, les espèces menacées et les publications et enregistrements piratés. L'importation de tabac est aussi illégale (sauf à payer une lourde taxe). Cela vaut même pour les paquets de cigarettes entamés. Les douaniers n'auront pas de mal à distinguer un paquet français de son homologue singapourien, ces derniers étant marqués.

Vous avez droit d'entrer sur le territoire avec un litre de vin, un litre de spiritueux et un litre de bière.

Pour le retour en France, vous pouvez importer des marchandises dans vos bagages, dans la limite de 430 €. Au-delà, vous devez vous présenter à la douane pour acquitter des droits et taxes correspondants. Attention, certaines marchandises sont soumises à des franchises quantitatives. Vous avez ainsi le droit de ramener jusqu'à 200 cigarettes, 1 l d'alcool à plus de 22°C (ou deux litres à moins de 22°C), quatre litres de vin et 16 l de bière.

Les trafiquants de drogue encourent la peine de mort à Singapour.

La **climatisation** dans les malls, restaurants, cinémas et bus est souvent au maximum (autour de 22 °C), donc même s'il fait très chaud dehors, il peut être utile de toujours garder un gilet dans son sac. Peut-être voudrez-vous éviter la saison des pluies, qui s'étale de novembre à janvier. Le parapluie est alors l'accessoire indispensable car les orages sont aussi soudains que violents. Entre mai et juillet, le temps est plus sec, mais un peu plus chaud aussi.
Quel que soit le moment de l'année où vous venez, il y a toujours quelque chose à faire (voir le **calendrier des événements** p. 4-5). Parmi les temps forts, le Nouvel An chinois, en janvier, les soldes en juin-juillet ou le Grand prix de F1 en septembre pour observer, de nuit, le défilé des bolides.

Pour y aller

EN AVION

Il y a deux vols quotidiens directs (d'une durée de 12h50) pour se rendre de Paris à Singapour. Les deux sont au départ de Paris-Charles-de-Gaulle.
Les compagnies assurant ces vols sans escale sont :

- **Air France**
Depuis la France : ☎ 36 54 (7j/7, 6h30-22h)
Depuis Singapour : ☎ 64 15 51 11
www.airfrance.fr

- **Singapore Airlines**
Depuis la France : ☎ 0 821 230 380 (0,12€/min. depuis un poste fixe)
Depuis Singapour : ☎ 62 23 88 88
www.singaporeair.com

De nombreuses autres compagnies aériennes proposent des vols quotidiens avec escale depuis les principaux aéroports français. Réservez vos billets le plus tôt possible pour obtenir les meilleurs tarifs, ou consultez les sites Internet pour les offres de dernière minute.
Voyages-sncf.com, distributeur de voyages en ligne de SNCF, vous propose ses meilleurs prix d'avion, hôtel, séjours et location de voitures dans le monde entier. Accédez aussi à ses services exclusifs : billets à domicile, offres de dernière minute, promotions…
Infos et résa depuis la France sur www.voyages-sncf.com et sur tablettes et mobiles avec l'appli V. Hôtel (toute l'offre hôtels).
Réservez un vol, un hôtel, une voiture :
☎ 0 899 500 500 (appel au prix de 1,35 €, puis 0,34 €/min).
Une question sur votre commande ? Rubrique Contact ou ☎ 09 70 60 99 60 (numéro non surtaxé).

L'aéroport Changi se trouve à 20 km du centre-ville.
Changi Airport International
☎ 65 95 68 68 – www.changiairport.com

BONS PLANS INTERNET

Pour réserver des vols secs, des hôtels ou les deux, pensez aux agences de voyage sur Internet : www.voyages-sncf.com ; www.opodo.fr ; www.skyscanner.fr ; www.liligo.fr Pour bénéficier du meilleur tarif, il est préférable de consulter en priorité ces comparateurs de prix. En revanche, les hôtels proposent souvent des packages intéressants.
Si vous venez en voyage de noces, si vous restez plus de 3 jours, etc. vous pouvez avoir droit à des promotions. N'hésitez pas à décrocher le téléphone pour négocier les prix. De leur côté, les agences traditionnelles de quartier sont souvent un peu plus chères, mais vous vous feront gagner du temps.

QUE FAIRE PENDANT UNE ESCALE ?

Les voyageurs arrivant au terminal 1 (T1) peuvent rejoindre les terminaux 2 et 3 (T2 et T3) avec le *Sky Train*. De nombreux voyageurs ne font qu'une escale à Singapour avant de rejoindre leur destination finale en Asie du Sud-Est. Le temps d'une pause de 2h comme de 15h, l'aéroport Changi a pensé à tout pour que vous ne vous ennuyiez pas ! Voici quelques exemples d'activités, selon le temps dont vous disposez.

De 2 à 4 heures

- Profiter d'un massage des pieds, sur un fauteuil (dans tous les terminaux ; gratuit).
- Surfer sur Internet, sur votre ordinateur via le Wifi, ou sur l'une des quelque 500 stations Internet installées dans chacun des terminaux (gratuit).
- Se promener dans le *Butterfly Garden* au T3 (gratuit).
- Jouer sur les dernières consoles de jeux au T2 (gratuit).
- Se rafraîchir en prenant une douche, au Departure Transit Lounge dans les trois terminaux (payant).

AÉROPORT DE CHANGI

Vous pensez que tous les aéroports se ressemblent, ternes et ennuyeux à mourir ? Changi bouscule les idées reçues ! Ses œuvres d'art (dont *Kinetic rain*, 1 216 gouttelettes en bronze effectuant un ballet hypnotique), son pianiste, son toboggan sur quatre étages, ses jardins de cactus, d'orchidées ou de tournesols, ses aires de jeux pour les enfants... le différencient. Les voyageurs lui décernent régulièrement le titre de « plus bel aéroport du monde ».

www.changiairport.com

De 4 à 5 heures

- Se détendre au bord de la piscine, sur le toit du T1. Gratuit pour les passagers restant à l'Ambassador Transit Hotel ; 14 $ pour les autres (le prêt d'une serviette et une boisson sans alcool sont inclus dans le prix).
- Regarder un blockbuster dans un cinéma, dans les T2 et T3 (gratuit).

Plus de 5 heures

- Participer à une **visite guidée gratuite** pour découvrir les incontournables de Singapour. Horaires : 9h-11h, 11h30-13h30, 14h30-16h30, 16h-18h, 18h30-20h30. Pour vous enregistrer (au moins 1h avant le départ de la visite), présentez-vous aux comptoirs des *Free Singapore Tours* (FST) situés au T2 (Transfer Lounge E, level 2) et au T3 (Transfer Lounge B, level 2). Toutes les infos sur le site de l'aéroport www.changiairport.com / rubrique « Leisures & Indulgences ».
- **Se reposer au calme** ou **faire une sieste** dans les *Rest Areas*, *Lounges* ou *Napping Areas* prévus à cet effet au *Departure Transit Lounge*. Comptez de 35 à 45 $ pour l'accès à un espace lounge ou à une Nap Suite (en-cas et douche parfois offerts) ; voir sur le site de l'aéroport de Changi, sur www.harilelahospitality.com ou www.affinity.sats.com.sg
- Exténué après un long vol ? Vous pourrez **réserver une chambre** dans l'un des Ambassador Transit Hotel (présent à chacun des terminaux).

Attention, l'accès à ces zones de transit se fait sans passer par l'immigration. Si vous voulez laisser vos bagages à main, vous pouvez le faire 24h/24 dans les trois terminaux au Departure Transit Lounge, ☎ 62 14 03 18. En revanche, vous n'êtes pas autorisé à récupérer vos bagages en soute pendant l'escale.

Dormir à Singapour

QUEL QUARTIER ?

Pour profiter des spectacles et faire la fête jusqu'au bout de la nuit, privilégiez Marina Bay. Pour le shopping, choisissez la centrale (et très animée) Orchard Road. Pour un séjour culturel, Colonial District tire son épingle du jeu. Enfin, Chinatown, Little India et Bugis sont d'excellents pied-à-terre pour les budgets plus serrés.

HÔTEL OU CHAMBRE CHEZ L'HABITANT ?

Des hôtels classés de 1 à 5 étoiles, en passant par les résidences hôtelières (voir encadré p. 134) ou les *hostels* (ou *backpackers*, auberges de jeunesse sans limite d'âge proposant dortoirs ou chambres individuelles), tout est présent en quantité. Attention, certains hôtels n'ont pas de fenêtres et il est interdit de fumer dans les chambres et les parties communes.

Une option économique consiste à loger chez l'habitant. De nombreux sites Internet, tel www.airbnb.fr, répertorient des centaines d'offres sur Singapour. En plus d'un contact plus personnel avec un Singapourien, vous pourrez profiter des avantages de l'immeuble dans lequel vous vous trouvez (piscine, salle de sports, aire de jeux, espace barbecue…).

RÉSERVATIONS

De manière générale, mieux vaut réserver longtemps à l'avance pour bénéficier des meilleurs tarifs. Vous pouvez réserver par téléphone (pensez alors à confirmer par mail ou courrier) ou opter pour la réservation en ligne, directement sur le site de l'hôtel ou sur les sites spécialisés : www.booking.com, ou www.agoda.fr
L'office de tourisme Your Singapore répertorie de très nombreux hôtels. Pour chacun, il fournit un prix moyen par nuit, un texte de présentation, des photos et les meilleures offres du moment : www.yoursingapore.com

TARIFS

Les hôtels à Singapour sont chers. L'option la moins coûteuse est le *backpackers* (environ 40 $ en dortoir, 100 $ en chambre privée). Sinon, comptez au minimum 120 $ pour un hôtel de base, autour de 180 $ pour un hôtel de charme et en moyenne 300 $ pour un hôtel chic. Les prix grimpent de décembre à février, quand les festivités autour de Noël, et surtout du Nouvel An chinois, battent leur plein. En revanche, les établissements sont bien tenus, propres, fiables. La satisfaction du client est réellement au cœur des préoccupations des professionnels du tourisme et pas simplement un argument marketing. Autrement dit, vous ne devriez pas avoir de mauvaise surprise !
Consultez notre sélection d'adresses, p. 132.

Se déplacer

DE L'AÉROPORT AU CENTRE-VILLE

Au Ground Transport Desk de Changi Airport, une personne vous renseignera (t. l. j., 24h/24) sur tous les modes de transport disponibles à partir de l'aéroport. Ce comptoir est situé dans tous les halls d'arrivée : ☎ 62 41 38 18 (*hotline*, 24h/24). Vous pourrez aussi y réserver une place pour :
La navette : elle relie 24h/24 l'aéroport à la plupart des hôtels du centre-ville. Un billet aller coûte 9 $ pour un adulte, 6 $ pour un enfant.
Une limousine : prévue pour 4 personnes, elle est au tarif de 55 $ par voyage, quel que soit votre point de chute.
Un minibus : ses 9 sièges se réservent pour 60 $. Le chauffeur vous mènera où vous le souhaitez.
Vous pourrez aussi rejoindre le centre-ville :
En bus : le bus n° 36 s'arrête aux terminaux 1, 2 et 3, et met une heure pour rejoindre le centre-ville (Raffles Avenue et Orchard Road). Le premier part à 6h, le dernier vers minuit. Comptez un départ toutes les 10-15 minutes. Le ticket (pour l'aller) coûte 2 $.
En métro (MRT) : il part de la station qui se trouve sous les terminaux 2 et 3. Vous rejoindrez le centre-ville en 45 min., avec un changement à Tanah Merah. Le métro circule entre 5h30 et 23h20 environ.
En taxi : il vous en coûtera entre 18 et 38 $ pour rejoindre le centre-ville. La durée du trajet est d'environ 30 min. Un stand « taxi » est disponible à l'extérieur de chaque terminal.

SUR PLACE

À moins que vous n'ayez prévu de faire des excursions en dehors de Singapour (en Malaisie, par exemple), il est déconseillé de louer une voiture (onéreux et la conduite

se fait à gauche). Enfin, les transports en commun desservent l'ensemble de l'île. Métro et bus sont propres et réguliers. Le *Transitlink Guide* (2,80 $, en vente aux guichets MRT) répertorie les lignes de métro et de bus ainsi que les plans des environs de toutes les stations MRT.
Le meilleur moyen d'explorer le centre-ville est de le parcourir à pied. Évitez simplement de traverser n'importe où et en dehors des passages cloutés, vous pourriez vous faire verbaliser. Pour visiter les quartiers éloignés, il suffit de prendre le bus, le métro, ou de héler l'un des nombreux taxis jaunes qui sillonnent la ville.

Titres de transport

Le prix du ticket de bus et de métro (entre 1,10 $ et 2,20 $) est calculé par la machine car il dépend de la longueur de votre voyage. Les tickets de métro s'achètent uniquement dans le métro et doivent être compostés par la machine. Il n'y a pas de frais de correspondance supplémentaires.
Infos bus, métro et taxis : **www.smrt.com.sg – www.transitlink.com.sg**
Le **Singapore Tourist Pass** est une carte permettant des voyages illimités en bus et métro pour 1, 2 ou 3 jours (le *pass* 1 jour coûte 10 $; 2 j. 16 $ et 3 j. 20 $). Dans tous les cas, vous devrez ajouter 10 $ de caution qui vous seront rendus si vous rendez la carte dans les 5 jours suivant le jour où vous l'avez achetée.
Liste des endroits où acheter ce *pass* sur : **www.thesingaporetouristpass.com.sg**

En métro (MRT, Mass Rapid Transit)

Quatre lignes quadrillent correctement la ville. Le métro circule tous les jours de 6h à minuit. Voir le réseau du métro sur le plan détachable.

En bus

Les panneaux d'information aux arrêts de bus indiquent les tarifs. En entrant dans le bus, vous devrez mettre la somme exacte dans un boîtier. Faites l'appoint car le chauffeur ne rend pas la monnaie. Si l'on évite les heures de pointe, le bus est idéal pour découvrir la ville. Certains bus classiques comme le n° 106 passent devant les lieux emblématiques de Singapour et vous permettront de faire une sorte de visite guidée, à la fois plus économique et plus authentique que les bus touristiques. Ils couvrent parfaitement l'ensemble de la cité-État. Ils circulent de 5h30 à 23h30 tous les jours.

SE REPÉRER

Retrouvez chacune des balades du chapitre Visiter sur la carte générale placée en fin de guide grâce aux repères qui vous sont indiqués.

En taxi

Près de 28 000 taxis sillonnent les rues de Singapour. Autant dire qu'il ne vous faudra guère patienter pour monter dans l'un d'entre eux, sauf aux heures de pointe (lun.-ven. entre 8h et 9h, puis de 18h à 19h, et le samedi soir) et pendant un orage. Vous pouvez héler ceux dont la lumière sur le toit est verte, ce qui signifie qu'ils sont libres (rouge, ils sont occupés), ou bien rejoindre la file d'attente de l'une des stations de taxi disséminées dans la ville. Il est également possible de faire une réservation par téléphone (il ne leur faut en général pas plus de 5 min pour arriver). Encore plus simple, vous pouvez réserver un taxi par sms, en envoyant : « Book <espace> code postal », au ☎ 71222. Le code postal, à 6 chiffres, est celui de l'endroit où vous voulez être récupéré. Vous recevrez une réponse dans la minute qui suit, vous indiquant l'horaire d'arrivée de votre taxi.

Le taxi est un mode de transport relativement bon marché. Les chauffeurs et les compteurs sont fiables, pas d'entourloupe. Pour une course de 10-15 min en centre-ville, comptez environ 10 $ (supplément de 50 % en tarif de nuit).

- **Comfort ou Citycab : ☎ 65 52 11 11**
- **Premier Taxis : ☎ 63 63 68 88**
- **SMRT : ☎ 65 55 88 88**
- **SMART : ☎ 64 85 77 77**
- **Transcab : ☎ 65 55 33 33.**

COMMENT ALLER À SENTOSA ?

Il existe divers moyens pour se rendre sur cette île. En **taxi** par un pont routier ou à pied via une passerelle, le **Sentosa Boardwalk** au départ du mall VivoCity (1 $ de droit de passage). Toujours depuis VivoCity, vous pouvez monter dans le **Sentosa Express,** un monorail qui dessert 3 stations sur l'île (lobby L, level 3 – 4 $ – Correspondance avec la station de MRT HarbourFront). Enfin, plus spectaculaire, vous pouvez arriver en **téléphérique** depuis le mont Faber (voir Visite 15) ou depuis la station MRT HarbourFront (exit B, suivre le fléchage indiquant Cable Car (t. l. j. 8h45-22h – 29 $ AR, pas d'aller simple).
Sur place, des bus gratuits desservent les principales attractions (t. l. j. 7h-minuit).
www.sentosa.com.sg

À voir, à faire

OFFICES DE TOURISME

Orchard et Chinatown ont chacun leur centre d'information touristique. Vous y trouverez plans et brochures sur les diverses attractions. On pourra vous renseigner sur les transports en commun et les manifestations culturelles, vous aider à réserver une chambre d'hôtel, à acheter un billet de concert ou à programmer une visite guidée.
Singapore Visitors Centre @Orchard : à l'intersection de Cairnhill Road et d'Orchard Road (C2) – T. l. j. 9h30-22h30.
Singapore Visitors Centre @Ion Orchard : dans le centre commercial Ion (B2), niveau 1 – T. l. j. 10h-22h.
Chinatown Visitors Centre : 2 Banda St. (derrière le Buddha Tooth Relic Temple ; D5) – Lun.-ven. 9h-21h (jusqu'à 22h sam.-dim.) – ☎ 67 36 20 00 (lun.-ven. 9h-18h).

S'INFORMER

Le quotidien national *Straits Times* sort le dimanche (il devient alors le *Sunday Times*) doté d'un cahier Sorties intéressant. Par ailleurs, deux gratuits fourmillent de bons plans :
IS magazine (http://is.asia-city.com) : pour connaître tout ce qui est branché.
Juice (www.juice.com.sg) : axé sur la culture clubbing, la mode et la musique.
Ces magazines sont distribués dans les boutiques branchées. Vous trouverez la liste complète des points de distribution sur leur site Internet.

PASS MUSÉES ET ATTRACTIONS

Le **Singapore Attractions Pass**, surnommé *Iventure Card*, donne accès à 14 attractions. Deux formules : Flexi Pack et Unlimited Pass. Avec le Flexi Pack, vous achetez 3 billets pour 79 $ ou 5 billets pour 119 $. Avec l'Unlimited Pass, vous choisissez une durée : 1 j. (89 $ plein tarif), 2, 3 ou 5 j. (189 $ plein tarif). Muni de votre *pass*, vous pourrez ensuite accéder gratuitement aux principales attractions de la ville : Singapore Flyer, zoo, Jurong Bird Park, National Orchid Garden, Science Centre, etc. Vous bénéficierez aussi de réductions sur d'autres activités : Skyline Luge Sentosa, fish reflexology@Underwater world, etc.
Les *pass* peuvent être achetés en ligne, sur www.seesingaporepass.com, ou au Singapore Visitors Centre situé sur Orchard Road – *Hotline* ☎ 67 48 95 91 (t. l. j. 9h30-18h).
De son côté, le **Singapore Museum Pass** donne un accès illimité à 7 musées pendant 3 j. (20 $). L'achat du *pass* se fait directement auprès des établissements concernés : Asian Civilisations Museum, Memories at Old Ford Factory, National Museum of Singapore, Peranakan Museum, Reflections at Bukit Chandu, Singapore Art Museum et Singapore Philatelic Museum.
Enfin, bon à savoir, un voyage avec Singapore Airlines ou Silk Air donne droit à des réductions dans une sélection d'hôtels, de restaurants, de magasins ou

d'attractions touristiques, sur présentation de la carte d'embarquement. Plus d'infos sur www.singaporeair.com/boardingpass

VISITES GUIDÉES

Original Singapore Walks

Des visites guidées pédestres dans Colonial District, Chinatown, Little India, Kampong Glam… Les guides abondent en anecdotes insolites.
www.singaporewalks.com – ☎ 63 25 16 31
Adulte 35 $, enfant 15 $.

The Original Singapore DUCKtours

Un drôle d'engin qui emmène ses passagers dans une aventure sur terre ET en mer ! Les enfants a-do-rent ! Le départ a lieu à Suntec City, sur Temasek Boulevard.
www.ducktours.com.sg – ☎ 63 38 68 77
T. l. j. 10h-18h, départ toutes les 30 min (le tour dure 1 heure)
Adulte 33 $, enfant 23 $.

JOURS FÉRIÉS

Jour de l'an : 1er janvier
Nouvel An chinois : 2 j. en janvier-février
Vendredi saint : mars-avril
Fête du Travail : 1er mai
Anniversaire de Bouddha : mai
Fête nationale : 9 août
Hari Raya Puasa : oct.-novembre
Deepavali : octobre
Noël : 25 décembre
Hari Raya Haji : décembre/janvier

Trishaw

Les *trishaws* (sorte de cyclo-pousse) comme mode de transport ont disparu depuis longtemps de la circulation singapourienne. Toujours à la force humaine, Trishaw Uncle propose aux touristes des circuits dans Singapour :
http://trishawuncle.com.sg – ☎ 63 37 71 11
Embarquement : Queen Street entre le Fu Lu Shou Complex et l'Albert Centre Market and Food Centre ; E2.
Circuit Bugis & Little India (30 min) : 39 $ adulte, enfant 29 $
Circuit Bugis, Little India & Singapore River (45 min) : 49 $ adulte, 39 $ enfant.

INFOS TRÈS TRÈS PRATIQUES

LANGUE

Il y a quatre langues officielles : l'anglais, le mandarin, le malais et le tamoul… et une langue officieuse, le singlish ! (voir p. 136). L'anglais est parlé par tous. Les rues sont toutes indiquées en anglais.

DÉCALAGE HORAIRE

L'heure singapourienne a 6h d'avance sur l'heure française en été, 7h en hiver. Quand il est 12h à Paris, il est 18h à Singapour en été, 19h en hiver.

VOLTAGE

L'électricité est à 230 V, et les prises sont à trois fiches. Pensez à vous procurer un adaptateur pour vos appareils électriques. L'hôtel pourra parfois vous dépanner.

TÉLÉPHONER

Pour appeler Singapour depuis la France, composez le 0065, suivi du numéro à 8 chiffres de votre correspondant. Pour appeler la France depuis Singapour, composez le 0033 suivi du numéro de votre correspondant sans le 0 initial. Si vous devez passer des coups de téléphone sur place, et si votre téléphone est déverrouillé, pensez à acheter une carte SIM avec un numéro local, avec un forfait de 30 ou 60 min. Cela vous reviendra beaucoup moins cher que d'utiliser votre forfait français.

NUMÉROS UTILES

Police : ☎ 999
Urgences : ☎ 995
Renseignements : ☎ 100
En cas de perte ou de vol, appelez le centre d'opposition correspondant à votre carte (notez au préalable le numéro à 16 chiffres et la date de validité) :
Eurocard/Mastercard : ☎ 800 1100 113
Visa : ☎ 800 110 0344
American Express : ☎ 0065 1 47 77 72 00

INTERNET

De nombreux cafés proposent le Wifi gratuit.

ÉCRIRE

Les timbres s'achètent dans les postes et dans certains commerces de proximité comme 7-Eleven.

Et le budget ?

Se loger est ce qu'il y a de plus cher à Singapour. Il est plus facile de manger à bon prix. Dans les *food courts* et les *hawker centres,* vous mangerez très bien pour 6-7 €. Ce qui en fait d'excellentes alternatives aux restaurants classiques où le ticket moyen tourne autour de 20 €. L'entrée de certaines attractions, notamment sur Sentosa, est élevée, mais les musées ne sont pas chers (maximum 10 $), et de nombreux lieux de visite, comme les temples, sont gratuits.

COMMENT PAYER ?

La monnaie utilisée à Singapour est le **dollar singapourien ($)**, qui se décompose en 100 cents. Il existe des billets de 1 à 10 000 dollars mais il est fort probable que vous voyiez surtout des billets de 2, 5, 10, 50 et 100 $), et des pièces de 1 $, 5, 10, 20 et 50 cents.

Pour information1 $ = 0,60 € ; 1 € = 1,65 $ (mi-2014). Il est plus avantageux de retirer de l'argent aux distributeurs automatiques (évitez les petits retraits répétés) que de changer de l'argent à la banque. Les **bureaux de change** de Lucky Plaza, sur Orchard Road, et de Mustafa Centre, dans Little India, ont des taux intéressants. Si vous réglez vos achats avec votre **carte de paiement,** vérifiez avant de partir quelle sera la commission prélevée par votre banque. Les cartes de paiement sont acceptées presque partout mais certains restaurants ou magasins prennent parfois une commission de 1 à 3 %.

Les **banques** sont généralement ouvertes du lundi au vendredi de 8h30 à 16h30, et le samedi de 8h30 à 13h.

POUR FAIRE DES ÉCONOMIES

Si vous achetez, le même jour, dans la même boutique, pour plus de 100 $ de marchandises, vous aurez le droit de récupérer la taxe GST de 7 % (moins une petite somme récupérée par le commerçant). Plusieurs conditions pour cela :

– préciser au commerçant que vous souhaitez récupérer la GST (Goods and Services Tax), pour qu'il vous prépare le reçu adéquat.

– à l'aéroport, avant d'enregistrer vos bagages (arrivez suffisamment tôt), dirigez-vous vers un Self Help Kiosk ou au Customs Tax Office pour faire une demande de remboursement. Pensez à garder sur vous les reçus et les marchandises (et ce jusqu'à l'enregistrement, car les douaniers peuvent vous les demander). L'argent vous sera donné en liquide, ou déposé sur votre carte bancaire. Attention, tout n'est pas détaxable, renseignez-vous au moment de vos achats.

Plus d'informations au ☎ 63 56 86 33 ou sur www.iras.gov.sg (l'Inland Relevant Authority of Singapore, l'équivalent de notre Trésor public).

Infos douane française : ☎ 0 811 20 44 44 www.douane.gouv.fr

Douane Singapour : ☎ 63 55 20 00.

SINGAPOUR GRATUIT

Certes, la métropole est plus chère que ses voisines du Sud-Est asiatique. Mais on peut encore s'y divertir sans rien débourser. La preuve par 10 :

1. Assister aux **concerts gratuits du Jardin botanique** (le dimanche).
2. Adopter une **zen attitude** au temple Sri Mariamman ou à la cathédrale St Andrew.
3. Participer aux **visites guidées** organisées gracieusement par des étudiants le long de la Singapore River (www.singaporefootprints.com).
4. Découvrir le meilleur de l'**art contemporain** aux galeries Gillman Barracks.
5. S'émerveiller dans les **Gardens by the Bay**.
6. Entrer au **Singapore Art Museum** gratis, le vendredi de 18h à 21h.
7. Applaudir le ***Water and Light Show*** devant Marina Bay Sands (chaque soir à 20h et 21h30, plus 23h les vendredis et samedis).
8. **Grimper en haut du mont Bukit Timah,** qui culmine à 163 m.
9. Admirer la collection de 1 000 **bonsaïs du Chinese Garden.**
10. Apprendre les rudiments du **qi gong,** en joignant un groupe de pratiquants, dans n'importe quel parc de la ville, au lever du soleil.

Nos hôtels par quartiers

1 - Perak Hotel
2 - Hôtel Clover
3 - The Club
4 - The Scarlet Singapore

Donnés à titre indicatif, les prix annoncés correspondent à une chambre double standard, petit déjeuner compris, sauf mention contraire. Les tarifs peuvent varier en fonction de la période de l'année et du type de chambre.

Orchard Road

Visite 1 – p. 10

Lloyd's Inn

2 Llyod Road (C3)
M° Somerset
☎ 67 37 73 09
www.lloydinn.com
De 90 à 110 $.

Certes, les chambres auraient besoin d'être rénovées, le confort est basique, et le petit déjeuner absent. Mais l'hôtel bénéficie d'un emplacement de rêve, à quelques minutes à pied de la centrale Orchard Road, et de tarifs extrêmement compétitifs.

Little India

Visite 2 – p. 12

Wanderlust

2 Dickson Road (E2)
M° Little India
☎ 63 96 33 22
http://wanderlusthotel.com
De 198 à 318 $.

Ces 29 chambres jouent la carte monochrome, l'une tout en rose, l'autre tout en bleu, ou bien en jaune… Un beau Jacuzzi en extérieur.

Perak Hotel

12 Perak Road (E2)
M° Little India
☎ 62 99 77 33
www.perakhotelsingapore.com
De 148 à 220 $.

35 chambres petites mais propres, personnel serviable, petit déjeuner gourmand et copieux. Éviter les chambres donnant sur la rue, un peu trop bruyantes.

The Daulat

16 Madras Street (E2)
M° Little India
☎ 64 08 55 55
www.thedaulat.com
De 170 à 210 $.

16 chambres bien équipées : machine Nespresso, station d'accueil iPod… La literie est très confortable, les boissons sont offertes. Piscine sur le toit, accès Wifi gratuit.

Chinatown
Visite 3 – p. 14

Bliss Hotel

62 Upper Cross Street (D4)
M° Chinatown
☎ 64 38 10 88
www.blisshotel.com.sg
De 165 à 190 $.

Une belle *shophouse* rénovée, construite dans les années 1930. Les 42 chambres lumineuses, décorées avec quelques notes orientales sont tout confort : Wifi, bureau et écran plat. Jardin sur le toit.

New Majestic Hotel

31-37 Bukit Pasoh Road (C5)
M° Outram Park
☎ 65 11 47 00
www.newmajestichotel.com
De 268 à 450 $.

Chacune des 30 chambres a été imaginée par un designer différent. Comble du luxe, les suites ont leur propre jardin et des lits à baldaquin de six mètres.

Hôtel 81 Chinatown

181 New Bridge Road (D4)
M° Chinatown
☎ 63 24 81 81
www.hotel81.com.sg
De 139 à 249 $.

Un bon rapport qualité prix : la déco est désuète, mais les chambres sont propres, et l'emplacement idéal, au centre de Chinatown.

The Club

28 Ann Siang Road (D5)
M° Tanjong Pagar
☎ 68 08 21 88
www.theclub.com.sg
De 270 à 395 $.

Au cœur du Chinatown trendy, ce boutique-hôtel, tout de blanc vêtu, joue la carte du minimalisme chic et y ajoute quelques motifs chinois. Bar sur le toit (voir aussi le B28 p. 117).

The Scarlet Singapore

À proximité de Chinatown, un boutique-hôtel de la chaîne Splendia pour un séjour romantique… La façade historique cache des chambres de style baroque tout confort (Wifi, air conditionné) et vous pouvez même profiter du Jacuzzi situé sur le toit-terrasse !

33 Erksine Road (D5)
M° Tanjong Pagar
☎ 65 11 33 33
www.thescarlethotel.com
De 200 à 320 $.

Hotel 1929

50 Keong Saik Road (D5)
M° Outram Park
☎ 63 47 19 29
www.hotel1929.com
De 169 à 339 $.

Dans des *shophouses* datant de 1929, 32 chambres exiguës, contemporaines. Pour l'anecdote, le propriétaire y a installé sa collection de chaises vintage, signées Eames, Arne Jacobsen ou Pierre Paulin.

Orchid Hotel

1 Tras Link (D5)
M° Tanjong Pagar
☎ 68 18 68 18
www.orchidhotel.com.sg
De 180 à 310 $.

Une déco aux tons naturels, des chambres spacieuses. Piscine sur le toit et salle de gym.

Kampong Glam
Visite 4 – p. 16

Hôtel Clover

769 North Bridge Road (E2)
M° Bugis
☎ 63 40 18 60
http://hotelclover.com
De 153 à 256 $.

Un hôtel très chaleureux, situé dans une *shophouse* où l'on se sent comme à la maison. Le mobilier est rétro, le personnel souriant. Attention, certaines chambres n'ont pas de fenêtres.

Sleepy Sam's

55 Bussorah Street (F2)
M° Bugis
☎ 92 77 49 88
www.sleepysams.com
25 $ pour un dortoir, 89 $ pour une chambre double.

Une sympathique auberge de jeunesse, avec petit déjeuner inclus, cuisine équipée si vous voulez passer derrière les fourneaux, et barbecue si vous préférez préparer des brochettes.

Bugis
Visite 5 – p. 18

Naumi Hotel
41 Seah Street (E3)
M° Bras Basah
☎ 64 03 60 00
www.naumihotel.com
De 300 à 420 $.

Un boutique-hôtel chic et épuré, avec piscine à débordement. Les 73 chambres disposent d'une literie ultra-confortable.

Albert Court Village
180 Albert Street (E2)
M° Little India
☎ 63 39 39 39
www.albertcourt.com.sg
De 180 à 260 $.

Des petites touches orientales, comme des gravures chinoises, ornent les murs des chambres de cet hôtel tout confort : charmante cour intérieure, Jacuzzi et salle de gym.

Big Hotel
200 Middle Road (E2)
M° Bras Basah
☎ 68 09 79 98
www.bighotel.com
De 155 à 295 $.

Parquet et meubles en bois, murs gris souris donnent une ambiance cosy. Les chambres sont petites mais agréables. Accès Wifi offert, films gratuits à la demande, salle de gym.

Strand
25 Bencoolen Street (D3)
M° Bras Basah
☎ 63 38 18 66
www.strandhotel.com.sg
De 90 à 130 $.

Les chambres familiales sont spacieuses. Pas de fioritures dans la décoration, hormis les murs colorés (mais un peu vieillots). Assez bruyant, car une station de métro est construite en face de l'hôtel.

Fragrance Hotel Selegie
183 Selegie Road (D2)
M° Little India
☎ 63 37 78 88
www.fragrancehotel.com
De 123 à 210 $.

120 chambres petites mais propres. L'hôtel est bien situé, le personnel sympathique, les prix imbattables. Piscine sur le toit.

The Quays
Visite 7 – p. 24

Gallery Hotel
1 Nanson Rd, Robertson Quay (C4)
M° Clarke Quay
☎ 68 49 86 86
www.galleryhotel.com.sg
De 325 à 380 $.

Face à la rivière, cet hôtel mise sur une déco colorée, dynamique. La façade évoque un jeu de Legos. Accès Wifi gratuit.

Central Business District (CBD)
Visite 8 – p. 26

Sofitel So SIngapore
35 Robinson Road (D5)
M° Raffles Place
☎ 67 01 68 00
www.sofitel.com

134 chambres raffinées, décorées d'images du Singapour contemporain et de motifs de la faune et de la flore locales, dans un bâtiment historique, avec façade néoclassique.

Tiong Bahru
Visite 10 – p. 30

Hôtel Nostalgia
77 Tiong Bahru Road (B4)
M° Tiong Bahru
☎ 68 08 18 18
www.hotelnostalgia.com.sg
De 180 à 220 $.

Un hôtel de 50 chambres au charme vintage. Les chambres sont petites mais bien tenues. Piscine sur le toit.

Marina Bay
Visite 11 – p. 32

Marina Bay Sands
10 Bayfront Avenue (F4-5)
M° Bayfront
☎ 66 88 88 68
www.marinabaysands.com
De 445 à 750 $.

Un établissement cher et impersonnel (2 561 chambres), mais incontournable pour qui veut

Les résidences hôtelières

À mi-chemin entre un hôtel et un appartement meublé, les résidences hôtelières sont idéales pour un séjour prolongé. Certaines résidences proposent de nombreux services à la carte : blanchisserie, petit déjeuner, ménage quotidien, Wifi, etc. Ces résidences sont souvent situées à côté des zones touristiques, pour être proche de l'effervescence de la ville. Les prix peuvent varier de 120 à 500 $ la nuit en fonction de la période, du nombre de pièces et des services choisis.
Voici trois exemples :

- **Citadines Mount Sophia**
  8 Wilkie Road, #01-26
  Wilkie Edge (D2)
  ☎ 62 72 72 72
  www.citadines.com
- **The Forest by Wangz**
  (7 nuits minimum)
  145A Moulmein Road
  (HP par A1)
  ☎ 65 00 31 88
  www.forestbywangz.com
- **Village residence Robertson Quay by Far East Hospitality**
  30 Robertson Quay (C4)
  ☎ 64 28 86 00
  www.stayfareast.com

1 - *Marina Bay Sands*
2 - *Hôtel Clover (p. 133)*
3 - *The Club (p. 133)*
4 - *ParkRoyal on Pickering*

découvrir de l'intérieur l'hôtel dont tout le monde parle, profiter du sublime spa Banyan Tree, des restaurants gastronomiques, ou de la fameuse piscine à débordement sur le toit.

Geylang
Visite 12 – p. 34

Regin hotel

56 Sims Avenue (HP par F1)
M° Kallang
☎ 67 47 28 11
www.reginhotel.com
De 95 à 110 $.

Un hôtel vieillot, situé dans le quartier « rouge » de Geylang, mais à l'abri du bruit et de l'agitation. Les chambres sont étroites mais bien tenues. L'addition est très légère.

Hors plan

ParkRoyal on Pickering

3 Upper Pickering Street (D4)
M° Chinatown
☎ 1 800 2557 795
www.parkroyalhotels.com
De 268 à 468 $.

Un superbe hôtel, où la nature est omniprésente grâce, notamment, aux murs végétaux. Le bois et la pierre s'invitent dans les 267 chambres pour un esprit nature. Sur le toit, piscine à débordement, espace fitness et spa invitent à la paresse.

Hôtel Re !

175A Chin Swee Road (C4)
M° Outram Park
☎ 68 27 82 20
www.hotelre.com.sg
De 140 à 174 $.

Un hôtel hommage aux années 1960 et 1970, entre couleurs pop (rose fluo, vert flashy…) et meubles aux courbes rétros. Un peu loin de la station de métro toutefois.

Aqueen Hotel Balestier

387 Balestier Road (HP par A1)
M° Novena
☎ 65 93 09 99
www.aqueenhotels.com
De 132 à 148 $.

Une bonne option pour les petits budgets. Chambres minuscules mais bien tenues. Personnel souriant.

Hangout @ Mount Emily

10A Upper Wilkie Road (D2)
M° Little India
☎ 64 38 55 88
www.hangouthotels.com
40 $ pour un dortoir, 140 $ pour une chambre double.

Au sommet d'une colline, cette auberge de jeunesse propose un cadre simple, sans fioritures, mais propre, neuf, au calme. Belle terrasse sur le toit et petit déjeuner buffet correct.

Kam Leng Hotel

383 Jalan Besar (F1)
M° Farrer Park
☎ 62 39 93 99
www.kamleng.com
De 85 à 160 $.

Hôtel un peu bruyant mais économique. Le personnel vous aidera si besoin à remplir votre agenda sorties. Pas de petit déjeuner. Accès Wifi gratuit.

Singlish, quézako ?

Contraction des mots *Singapore* et *English*, le singlish est un mélange unique d'anglais, de hokkien (un dialecte chinois) et de malais. C'est la langue officieuse parlée par les locaux. Les puristes s'en offusqueront. Les autres regarderont avec amusement ce langage, nouvelle preuve du caractère multiculturel de la société.
Il y a quelques années, Apple lançait Siri à Singapour, son système de reconnaissance vocale sur iPhone. Très vite, l'expérience fut arrêtée. Et pour cause, Siri ne comprenait pas les instructions que les utilisateurs du smartphone lui donnaient… Une anecdote qui montre que l'anglais des locaux, comme leur accent, ne sont pas (du tout) celui des sujets de Sa Majesté !
Le Singapourien va à l'essentiel. *Can* signifie « je peux ». Pas la peine de s'embarrasser de pronoms. La grammaire est écorchée tous les trois mots. Et la plupart des phrases sont ponctuées d'un « lah ». De quoi laisser perplexes nombre de voyageurs. Et leur demander un peu de temps pour s'ajuster et comprendre ce que leur explique leur interlocuteur.
Les autorités ont cherché à bannir le singlish, l'interdisant, par exemple, à la télé et à la radio. De son côté, le mouvement Speak Good English (www.goodenglish.org.sg) encourage les Singapouriens à parler un anglais « grammaticalement correct, compris universellement ». Mais les locaux persistent et signent. Après tout, cela fait aussi partie de leur charme !

QUELQUES EXPRESSIONS UTILES

Ang moh = une manière de décrire les Caucasiens. Ce n'est pas désobligeant.
Abuden = réponse sarcastique à des remarques simplistes.
Exemple : « Singapore is really hot ! » « Abuden ! »
Alamak = une expression pour montrer l'incrédulité.
Can can = yes, definitely (oui, tout à fait).
Chope = réserver. Exemple : « I chope this seat already ! »
Dohwan = no, thanks (non merci).
Kopitiam = cafés locaux.
Lah = utilisé pour ponctuer de nombreuses phrases. « Eat lah ! », « Ok lah ! »…
Liao = déjà.
Oh, izzit ? = oh, is that true ? (est-ce vrai ?)
Shiok = exprime la satisfaction. « Fish head curry is damn shiok ! »

UN GRAND WEEK-END

- Amsterdam
- Athènes
- Barcelone
- Berlin
- Bruxelles
- Budapest
- Copenhague
- Dubaï et Abu Dhabi
- Dublin
- Édimbourg
- Fès, Meknès
- Florence
- Genève
- Istanbul
- Lisbonne
- Londres
- Lyon
- Madrid
- Marrakech
- Marseille
- Milan
- Montréal
- Naples
- New York
- Paris
- Prague
- Rome
- Saint-Pétersbourg
- Séville
- Stockholm
- Venise
- Vienne

weekend@hachette-livre.fr
www.facebook.com/GuidesUnGrandWeekend